龙教授话
财务思维转型

张庆龙　著

中国财经出版传媒集团
中国财政经济出版社
北京

图书在版编目（CIP）数据

龙教授话财务思维转型 / 张庆龙著 . -- 北京：中国财政经济出版社，2024.4

ISBN 978-7-5223-2791-4

Ⅰ . ①龙…　Ⅱ . ①张…　Ⅲ . ①财务管理－通俗读物　Ⅳ . ① F275-49

中国国家版本馆 CIP 数据核字（2024）第 035149 号

责任编辑：李瑞荣　　责任印制：史大鹏
封面设计：MXK DESIGN STUDIO Q:1765628429　　责任校对：胡永立

龙教授话财务思维转型
LONG JIAOSHOU HUA CAIWU SIWEI ZHUANXING

中国财政经济出版社 出版

URL：http：//www. cfeph. cn
E-mail：cfeph@ cfeph. cn

社址：北京市海淀区阜成路甲 28 号　邮政编码：100142
营销中心电话：010-88191522
天猫网店：中国财政经济出版社旗舰店
网址：https：//zgczjjcbs. tmall. com
中煤（北京）印务有限公司印刷　各地新华书店经销
成品尺寸：170mm × 240mm　16 开　21 印张　256 000 字
2024 年 4 月第 1 版　2024 年 4 月北京第 1 次印刷
定价：88.00 元
ISBN 978-7-5223-2791-4
（图书出现印装问题，本社负责调换，电话：010-88190548）
本社图书质量投诉电话：010-88190744
打击盗版举报热线：010-88191661　QQ：2242791300

序

PREFACE

“论天下财经，品人生百味。大家好，这里是龙教授频道”，每当这句前导词说完，我就进入了一种难以言表的状态，精神为之一振。“有善始者繁,能克终者寡”，是说开始做事时努力的人很多，但是能够做到始终如一的人却很少。

从2022年创办“龙教授频道”自媒体以来，我从“大财务”的专业知识、生活中的哲学、向德鲁克学管理三个视角向广大实务工作者讲述了我对财务数字化转型、管理会计、业财融合、内部控制、内部审计、智能财务等专业知识方面的一些理解。视频录制300多期，点击量超过100万人次，时间跨越两年。目前来看，这两年我所讲授的每一堂面向实务工作者的线下教育课程中，总能找到几个“龙教授频道”的粉丝。一些国有企业的财务共享服务中心，甚至将我谈及的财务理念宣导植入大家的日常工作之中，这是对我的一种肯定，也是我将“龙教授频道”继续运营下去的理由之一。

视频中，我力图通过通俗易懂的语言，以聊天的方式，向广大实务工作者言简意赅谈了我对财务、审计实务工作的一些理解。许多问题可能并不符合学术的规范性，正像许多学者认为的“通过数据来论证”才叫作学术的规范性，本书可能会让许多学者失望。因此，也希望读者不要用学术规范的标准来衡量这本书。这本书既是向广大实务工作者介绍我的一些财务观点的作品，也是我对“龙教授频道”300多期短视频的总结。本书集结了“龙教授频道”中有关财务专业知识的大部分视频，并转化为文字，做了一些修改，分享给广大的读者朋友，希望对大家有所帮助。于我而言更是一种激励，并期望能够坚持下去。

许多人问我：这件事你到底图什么？也不挣钱，还很辛苦！谈到辛苦，确实是有的。这大概是一种病，一种执着或者追求完美的病。尤其是对画面、布景、布光有要求的我，绝不能允许用手机录制来应付，有些时候确实形式大于内容了，甚至有人认为我背后有一个专业团队帮助我完成这些视频。从选题、脚本、化妆、录制、剪辑、发布，这些准备与实施工作花费了我大量的闲暇时间，工作量可想而知。除了学生帮忙打打下手外，文字与视频部分几乎都是我个人独立完成的。其实，对我而言这件事既是一种学习，也是在与广大实务工作者交流后，期望通过视频形式表达的一些观点。目前来看，这些观点以及持之以恒的做事风格得到了大家的认可，甚为欣慰。这大概就是马斯洛模型所说的期望得到个人价值的实现吧，而不是为了盈利。

我将运营“龙教授频道”视为一种习惯，一种坚持，就好比大家坚持跑步，坚持游泳，坚持画画，坚持书法，总之是一种生活方式，也是一种自我娱乐的方式，希望以此分享给广大读者朋友。当然，书中要感谢我所借鉴的一些书籍和作者的观点，也欢迎广大读者来信批评、指正。邮箱：zhixing1818@126.com.

龙教授频道

2024年4月

目录
CONTENTS

01 第一篇　集团财务转型篇

53 第二篇 财务共享篇

95 第三篇 管理会计与业财融合篇

295 第六篇 向德鲁克学管理

325 参考文献

第一篇

集团财务转型篇

ONE

CHAPTER ▶

评任正非说什么是“财务”

扫码观看视频

对于什么是财务，《华为财经密码》一书中，华为创始人任正非认为“财务”一部分是“财”，一部分是“务”。“务”就是指要懂业务，为业务提供专业的服务和支持。如果财务不懂业务，那就只是算账的，不叫财务。当财经人员不能识别业务的合理性与真实性时，不仅不能满足业务的合理需求，提供有价值的财经服务，甚至可能适得其反，一味加强风险管控，慢慢地成为业务的绊脚石。华为一直坚持“业务为主导，财经为监督”的宏观管理办法与体系建设。业务为主导，就是通过技术创新、人才引进、市场扩张获得业务增长，敢于创造和引导需求，善于抓住机会，取得机会窗的利润；而财经监督，就是为保证业务的实现，提供快捷准确和有序的规范化财经服务，把服务与监控融进全流程，在服务过程中完成业务的监督与风险控制，即财经人员在为业务提供服务与支撑时，同时还要履行企业赋予的管理与监控职责。基于这样的导向，华为内部才有了“一切为了前线，一切为了业务服务，一切为了胜利”的财经变革；才严格区分服务作战和集中管控的财经权力；才有了权力下沉、三点闭环的变革成果。

围绕华为的财经理念，我有几点体会。

一、财务必须要懂业务

财务懂业务的原因是财务必须要识别业务的合理性和真实性，并为业务提供有价值的财经服务；否则财务的价值将会大打折扣。如何理解“财务懂业务”？“财务懂业务”既不是要替代业务，也不是要成为业务。“财务懂业务”是将专业管理会计工具延伸到业务端，把管理会计的科学方法延伸到业务人员，让业务人员懂得使用管理会计工具实现精细化管理。这时，财务监督就会自然而然地发挥相应的作用。管理会计工具延伸到业务端既不是一味地让业务人员去填报管理会计工具与表单（如与预算管理和报销相关的表单）；也不是为管理会计工具输送所谓的数据。而是促进业财融合。业财融合，其实就是在推动财务人员懂业务，通过沟通来不断地了解业务的事实，同时推动业务人员学会使用管理会计工具。初期就是通过业务型财务的融合实现这一目标；至于后期业务型财务的定位，是否还属于财务，已经不重要了。

二、财务要为业务服务，而不仅是管控

推进财务和业务的融合，目的不是加强财务对业务的监督和管控，而是要找寻为业务增值的机会，提供有价值的服务，在服务的过程中完成监督与风险控制。实践中大家有一种疑问：财务是否仅提供服务不强调监督？答案是否定的。如果一味地监督，想要推进业财融合，提高财务为业务服务的能力，这是不现实的；如果一味地服务而不监督，又失去了企业赋予财务的管理与监控的职责。财务向业务端的推进和融合是为了通过服务来实现价值，借此机会延伸业务监督和风险控制，这不仅是事后的监督和控制，甚至需要达到实时和事前。因此

财务必须摒弃“卡”的思想，推动管理会计工具发挥真正的管理作用。例如，全面预算管理，并不是为了单纯生成预算的指标体系，实现“有预算则支出，无预算不支出”的目标，更重要的是为了让业务部门养成“先算后干”的习惯，同时更要在预算端实现与项目、业务、绩效、成本一体化的管理。一方面保证预算指标生成的合理性，另一方面对预算指标的全过程实施管控，从而保障预算真正落地。

三、财务的使命首先是确保业务成功，其次才是风险控制

财务的使命首先是帮助企业多产“粮食”，其次是做好风险管控。多产“粮食”要坚持以业务为主导，从战略需要和业务发展的角度支撑业务，做出价值贡献，推动企业业务目标的实现。然后才是监督，通过业务全流程监督，帮助企业实现平衡发展。华为“一切为了前线，一切为了业务，一切为了胜利”的财经变革理念就容易理解了。

四、业财融合的最高目标是从业务伙伴走向价值整合者

业财融合的初期目标是期望财务成为业务的合作伙伴，通过服务的思维，而不是控制的思维来实现业财融合。这时，财务可以帮助业务部门进行预算编制，细化预算指标体系，做好资金计划、税务筹划、风险管理以及辅助报销等相关工作。后期的财务部门凭借掌握的庞大的业务数据、财务数据，进行基于业务的数据分析和决策。对此，华为认为，价值整合就是财务基于业务的数据分析与决策来面对市场环境的不确定性。在关注和理解商业模式、企业战略组织架构、业务设计、产品竞争、员工绩效管理、客户谈判与沟通的前提下，从信用、资金、预算、税务、金融、会计、外汇等各个领域进行资源整合，帮

助企业有效创造客户价值。此时的财务担负着价值整合者的角色，肩负着把资金、技术和人才创造的价值转化为企业的收入、利润和现金流的责任，帮助企业建立起科学、规范、高效和风险可控的管理体系。同时财务有义务建立合理的利润模型，有效控制业务部门对于利润的无限贪欲，不因某个部门的短期绩效而牺牲企业的长远利益。从以上分析来看，华为成为世界一流企业有其必然性，一流的企业管理，必然需要一流的财经理念。正是在这种理念的引导下，华为才实现了所谓的一流。

你了解财务人员的两面人生吗?

扫码观看视频

一面，财务要以业务增加价值为导向，以战略高度支持业务发展，促进业务的持续增长，促进业务目标的实现；另一面，财务还要加强风险控制，确保不出现重大的风险问题，并使风险得到有效的控制，帮助企业实现平衡发展。

这些观点已经在世界一流企业财务管理体系中明确提出：支撑战略、支持决策、服务业务、创造价值、防控风险这五个目标从战略高度指出了财务以业务需求为出发点，以帮助企业增加价值为目标。但财务不能忘记自己的“根”，监督仍然是其主要职责之一，这个职责要求财务从防控风险的视角，促进战略目标的实现。

一面，财务要关注企业短期目标的实现；另一面，财务还要关注企业的长远可持续发展，关注长期目标的实现。

财务不能仅关注年度利润目标的实现，更要从可持续发展的视角，从社会责任、ESG发展的理念重新审视企业的业务行为，并从财务数据的角度，将短期与长期相互结合，倒逼企业注重可持续发展。从国企经营考核的“两利四率”改为“一利五率”的变化来看，财务已经开始从根本上引导企业增强自生能力、积累能力、可持续发展能力和价值创造能力，实现高质量发展。

一面，财务要关注企业的现在；另一面，财务还要关注企业的未来。以前的财务工作偏重过去，报表本身也是对过去的一种反映。事实上，管理会计的实施，已经开始要求财务工作介入业务的事前、事中，发挥预测与控制作用，从未来的角度看待财务问题。

一面，财务要体现“刚”，以制度、准则为准绳，做好监督。另一面，财务还要体现“柔”，运用数据支持战略、服务业务、支撑决策，有利于价值创造。财务的人生就是平衡的人生，为什么我们叫作会计平衡公式，就是这个道理。财务不能总是说这不行那不行，不行是一种刚性的控制与监督思维或者行为。财务更重要的是要说怎么才行，应该从服务业务转变为业务的合作伙伴，寓控制、监督于服务，体现财务的“柔”。

战略 + 财务 = 战略财务?

扫码观看视频

战略与财务是什么关系?

很多人认为，战略高高在上，财务处在最底层，这造成了财务是短视的，约束有余而激励不足。

财务人员必须拥有战略高度的视野，从维护和支撑战略的视角看待财务问题。战略与财务是不能割裂开来的，战略+财务=战略财务，财务+战略=财务战略。

战略财务体现了战略对财务的引领作用，主要体现在：规模、盈利、效率和风险。战略财务必须回答：在当前的市场洞察下，收入、销售规模是否会实现增长；所提供的产品或者服务是否具备获利能力；投入产出是否有效率；如何管理战略目标实现过程中的风险问题。

财务战略是在战略的统筹下，进行财务资源的配置，以维持和提升公司的长期盈利能力和价值增值。财务战略的特征表现为：用数据说话、讲究平衡性、寻求和挖掘企业价值，实现增长的驱动因素，从而利于决策。

总会计师、财务总监、首席财务官是一回事吗？

总有人问总会计师、财务总监和首席财务官之间有什么区别。有人甚至觉得他们都是企业里的高级财务管理人员，都是财务方面的领导，应该没什么区别。

但事实上，这三个职位所代表的制度，在企业当中是并存的。三者并不是同义词，有着各自的历史渊源，在公司治理中的地位、职责定位也存在差异。

总会计师起源于苏联的计划经济体制，是一个既对国家负责，也对企业负责的职位。我国实施市场经济以来，《会计法》把总会计师定位为企业行政领导成员。在财政部颁布实施的《总会计师条例》中，总会计师作为企业财务会计的主要负责人，全面负责企业的财务会计管理和经济核算，参与重大经营决策，是企业负责人的参谋和助手。《总会计师条例》把总会计师的职责分为两个方面：一方面，作为管理人员，既要管好企业的钱，也要管好财务的人；另一方面，要协助单位领导进行决策，为企业的经营管理出谋划策。

财务总监与总会计师之间有什么区别呢。财务总监源于西方，职责是维护所有者的利益，监督总经理和经理层。与总会计师相比，两者有相同之处也有不同之处。相同之处在于，即是企业财务工作的首要负责人，都需要负责企业的财务活动，管理所有财务人员。不同之处则体现在财务总监的“监”字上。在我国，财务总监的工作内容主要在于财务监督，需要对企业财务活动的合法性、真实性、有效性等进行监督。财务总监制度实质上是对总会计师制度更高层次的发展与完善，它不仅吸收和集中了总会计师和内部审计中的部分财务管理与监督职能，也弥补了总会计师在企业组织中地位和职责权限上的不足。

那么，首席财务官又是做什么的呢?

既然财务总监与总会计师有着不同的职责和作用，那么两种制度同时运行能够满足企业对于财务管理的需求吗？从财务管理者地位的角度来看，目前两种制度都没有解决高级财务管理人员不能对财务管理所有方面负责这一问题。为了进一步完善和发展财务管理，西方国家的一些企业设置了首席财务官这一职位。相比总会计师和财务总监，首席财务官同时进入董事决策层和经理执行层，以股东价值创造为基础，参与公司战略。作为企业战略的管理者，首席财务官代表出资方实施企业外部资本控制，并向股东和董事会负责，通过资源配置实现企业的战略目标和长期发展。作为不同于财务总监制度与总会计师制度的一种新型体制，首席财务官以高级财务管理人员的身份，真正参与企业管理决策和风险管理中，令财务管理不再只是数字的游戏，而是企业实现战略目标的助力。

财务转型到底转什么？

扫码观看视频

财务转型到底转什么？这是一个有意义的话题。对此，我觉得财务转型应重点考虑以下几个方面。

一、理念方面的转型

理念是行动的先导，理念为什么要先转型呢？理念不转型，具体做法是不可能得到有效转型的。在这个过程中，我们到底要做哪些理念的转型？

首先，从核算和操作性的业务层面，向更有附加值的战略和决策的支持性层面转型。必须要认识到，不能再将过多精力用于核算和操作业务，新技术一旦出现，这些业务很容易被替代。

其次，从事后走向事前、事中。财务人员不能不知道手中的这些数据从哪里来，是对还是错。而应该在事前和事中就介入项目或业务过程，同时，从核算走向管理，走向业务服务和价值创造。也就是说，财务人员应该了解更多的管理知识，否则管理会计如何有用武之地？财务人员应该掌握更多的业务知识和价值创造的方法和工具。

再次，从控制走向服务。为什么要谈业财融合？其实我们更多的是希望将财务的控制功能延伸到业务，希望业务懂财务，并且为财务做出更多的改变。但财务信息化做得越多，业务就会越繁忙，工作量就越大。此时仅以控制的理念推行业财融合显然是难以实现的。这就要求我们改用服务的理念，实现业务录入任何的数据，都能快速转化为财务所需要的数据，并以数据服务的理念来支持业务的决策。

最后，从流程管理走向数据管理。流程管理是工业时代的产物，其目的是提高效率，各司其职。流程管理生成最多的是规则，而规则实现的效果必然是控制。显然控制达到的效果差强人意，流程管控的思维最终难以推进业财的组织融合，更难以推进业财的数据融合。从流程管理走向数据管理，要求财务人员转变过去流程管理的控制理念，增加面向业务的数据决策服务支持理念，数据管理应成为支持这一理念的主要方法论。

二、组织架构转型

我们往往重视技术上的转型、工具的转型、理念的转型，却忽略了组织架构的转型。下面以财务共享与司库建设为例做简要分析。

为什么要建设财务共享？财务共享服务的实施延伸了整个财务的组织架构。原来既做核算又做预算的财务人员，从简单、重复、低附加值的业务中解脱出来，交给财务共享服务中心，财务人员从核算转型到预算、成本、税务、业务层面的风险管理和规则执行当中去，就变成了业务型财务。解脱出来的财务人员还可以站在集团层面做更多的预算、预测、计划和战略风险防控，这时候我们就会发现，财务人员实际上又转型到了战略财务，也就是说，财务共享服务带动的是组织架构的转型。许多集团公司通过财务共享服务中心的建设，取消了子公司会计部门，形成了集团总部与各区域财务共享中心的两级扁平化的会计管理组织架构，这就是财务共享服务中心建设带来的组织架构变革。

为什么要建设司库？司库是将原来停留在流动性的资金管理、操作层面上的资金管理转向资本运营、投资融资、利率和汇率的风险管理、战略层面上的金融资源配置等，它使传统的资金管理的组织架构在业务层面和集团层面上实现了战略层面与业务层面上的拉伸，而不是为了建司库而建司库，也不是为了建财务共享中心而建财务共享中心，这就是所谓的财务组织架构的转型。

三、技术转型

不做好信息化，就不可能做好数字化和智能化。智能化建立在数字化的基础上，数字化建立在信息化的基础上；如果信息化做不好，就不可能做好数字化，而数字化做不好，就不可能做好智能化。因此，技术转型是一步一步的。智能化需要构建大数据，需要算法和算力，但是如果没有大数据，如何实现智能化？我认为这就是所谓的技术上的转型。

技术转型的目标是什么？技术转型的最初目标是提升效率，但是未来的走向应该是价值创造和业务服务。之前，技术的表现形式是软件，而今天我们要求进行平台化的再造，形成共享平台，与其他的第三方平台连接，形成共生平台，打造财务自身的信息生态。同时，我们要将组织架构放平，实现扁平化，实现前中后台的再造。这就是在财务转型当中的技术转型。

四、人员转型

所有的事情最终都是人做的，人才是组织创新的重要源泉。加快财务转型需要抓住人才这个第一资源。如果我们的知识体系仍然停留在核算，那又如何走向管理会计、走向司库职能呢？这就要求财务人员除了具备所需要的智商、情商，还应该具备数商。管理会计职能的发挥需要建立在业财数据融合的基础上。司库职能的发挥更多地依赖于会计信息甚至实时的数据，并为智慧司库发挥决策支撑作用。

我们还必须认识到，在人员转型的过程中，财务需要通过业财融合打通业务的边界，这时候财务的边界要先打开。如果我们去做数字化、智能化，就要重新定位财务的职能，重新确定财务与业务、财务与战略的新的组织关系，这时候我们可能会更加重视职业道德和职业素质的培养，搞清楚我们需要坚持的原则是什么，而不是一味地为了融合而放弃财务的监督职责与风险防控。

大型企业集团财务转型，路在何方？

扫码观看视频

财务转型是当前以及未来一段时间的热门话题。为什么转型？今后如何转型？转型走向何方？

一、是否所有的企业财务都需要转型

这里需要明确一个观点，并不是所有企业的财务人员都需要转型。比如说，中小类型的企业，它的企业管理层和外部环境对财务人员的需求和定位本身就停留在传统的财务会计核算以及一些简单的预算管理和税收筹划业务。从目前财务人员的现状来看，符合这个需求，不存在转型问题。财务转型大多针对的是大型企业集团，甚至是跨国公司。对于一个连生存都未解决的企业来说，财务转型缺乏迫切性。如果用生命周期的观点来看，处于从发展向成熟的过渡期和成熟期的企业集团最需要财务转型，以此来支撑业务发展战略与组织规模的快速增长。

二、为什么大型企业集团财务要转型

财务转型的原因之一在于企业集团的“大”。集团企业在发展初期总会试图通过追求规模和市场份额的扩大抢占市场，寻求垄断，实现目标管理。然而随着规模的不断扩大，产业类型和管理跨度层级的增多，这种粗放型的增长在企业发展进入成熟前期，“大企业病”现象随之而来，其突出的表现就是：组织机构众多、信息沟通不畅、缺乏统一的流程、决策复杂、决策速度慢、协调难度大、母公司对子公司缺乏管控等。一旦遭遇市场经济形势不好，过剩的产能会使收入下降，同时，成本居高不下，经营管理效率低下。为了发挥企业集团的规模效应和经营协同，达到节约成本、提高运营效率的目的，企业集团开始尝试将资源集中到核心业务，将各种非核心业务进行剥离和整合，以达到资源的共享和最大化的利用。这时企业的管理层期望通过向管理要效益，摆脱过去的粗放式经营管理，逐步提高企业精细化管理的水平与实现高质量发展。

财务转型的原因之二在于企业集团财务人员的现状难以满足管理者价值管理的需求及降低成本的要求。传统的财务人员注重满足内部报表的生成以及经营管理者外部受托经济责任的解除。由于信息技术手段的落后，传统的会计核算日常事务的处理陷入人海战术，财务人员无暇顾及管理者的内部决策需求，更难以发挥财务对业务的内部监督作用。于是在财务领域，传统财务的弊端愈发凸显：第一，财务管理没有与企业战略相互结合；第二，财务与业务相互分离；第三，分散式的财务核算组织效率低下，成本高昂，并且缺乏对业务的支持和战略推进能力，缺乏对基层业务单位及子公司的监控能力；第四，重核算轻管理，重事后轻事前、事中，重数据轻信息，重报告轻分析。这些使传统财务要向更高层级业务型财务与战略型财务转型。

三、财务转型始于财务共享服务

财务共享服务中心是企业集中管理模式在会计核算上的最新应用，其目的在于通过一种有效的共享服务中心运作模式来解决大型集团公司财务职能的重复投入建设和效率低下的问题。它将不同国家、不同区域、不同地点实体的会计核算业务放到一个共享服务中心来记账和报告，这样做的好处是保证了会计记录和报告的规范与结构统一。因为不需要在每个公司和业务中心设置会计和出纳岗位，大型企业集团就会大大节约信息系统投入成本和会计人工成本。更为重要的是，财务共享服务中心的建立，使财务人员从低附加值、占用大量劳动力的传统会计核算业务中解脱出来，去从事更加具有附加价值的业务型财务和战略型财务工作。财务共享服务中心建立的目的表面上是集中，实际是为了高附加值财务人员实现更好的分散，分散到各个业务中心和地方区域公司，从而更好地服务于当地的管理层。否则传统的会计核算会占用财务人员大量的工作时间，使他们没有精力去从事预算管理、财务分析、绩效考核、税收筹划、战略管理等高附加值的管理会计工作，了解业务部门需求，促进核心业务发展。这时，我们可以发现，财务共享服务中心建设是集团进行财务转型的起点，它为财务转型奠定了很好的组织基础、信息基础和数据基础。

财务共享服务中心建设也有利于加强集团财务管控，发挥会计的监督作用，有利于财务管控延伸到业务流程，通过收集最直接的财务数据，保证业务数据的真实性。在延伸的同时，会计也加强了对业务的监管，并逐步通过会计的流程化、标准化带动业务的流程化、标准化，这对于保障集团财务管控是一件意义重大的事情。

四、财务转型的路径之一：业财融合

当财务共享服务中心建设完成之后，具有高水平、经验丰富的财务会计人员可以真正地从会计核算中解脱出来，财务人员会有更多的精力专注于管理会计工作，专注于为企业内部决策者提供相应的信息，也就是说，财务共享服务中心有利于财务会计和管理会计的分离。

这时，财务人员会充分利用财务共享服务中心所产生的数据加强财务分析、提高预算管理的精度，逐步围绕战略目标分解预算目标，加强成本管理，加强绩效考核。这些工作都需要基于财务共享中心围绕业务内容开展。这时的难点在于业务财务一体化（俗称业财融合）。业财融合的关键在于通过构建标准化的文档与流程，利用集成的信息系统将财务、业务和管理信息集中于一个数据库。当管理者需要信息时，可以利用自身的特殊权限，通过一定的模型或者报告工具实现报告实时自动输出。这种方式可以最大限度地实现数据共享，实时控制经济业务，真正将会计的控制职能发挥出来。同时，业财融合有利于对管理决策形成有力支撑，为中高层管理人员提供多角度统计查询和分析，更有利于商业分析智能化的实现。当然，一体化的前提条件是流程再造和信息化。如果没有这两个工具为前提条件，一体化的目标是难以实现的。

五、财务转型的路径之二：资金管理向理财和战略型司库转移

管理的核心是财务管理，财务管理的核心是资金管理。财务共享

服务中心建设完毕之后，强大的信息系统集中功能，有利于在归集核算数据的同时将资金管理集中化，为下属成员企业提供资金计划、票据管理、现金流预测、银企直连、资金收支结算等服务。如果企业集团没有建立财务公司，资金管理恰好可以在这一时机，转型升级为投资融资管理和利率汇率风险管理，并将流动性的资金管理放在财务共享服务中心。更高水平的资金管理人员升级为投资融资管理人员，甚至是更高层面的战略型司库，实现战略性的资金资源配置。对于我国已经建立财务公司的企业集团而言，可以将流动性资金管理分置于财务共享服务中心，释放更多的劳动力，并专注于更能帮助组织增加价值的投资融资等理财管理、利率汇率风险管理以及更高层面的战略资金资源配置。

六、财务转型的路径之三：财务商业智能化

我们可以对财务转型做个更加大胆的预测，随着基于流程与信息技术的财务转型，企业与业务的融合更加紧密，甚至随着互联网电商平台与企业级客户的连接，财务可以延伸到经济活动的最前端，并与ERP、CRM、SCM、OA实现全数据对接。财务能够收集到更加真实和完整的业务处理交易信息与资金管理信息，为企业利用商业智能技术进行决策奠定深厚的数据基础。这时，企业财务所积累的原始业务数据会越来越多，企业财务会形成更大规模的数据库和数据仓库。

将商业智能技术应用于企业，有利于从海量财务数据库中筛选有用的数据信息，通过在线分析处理技术、数据挖掘技术，为决策者提供更加具有价值的信息，避免管理决策中“凭经验、拍脑袋”的风险和隐患。商业智能技术的应用极大地方便了企业管理者高效利用数据，真正实现基于数据分析和处理的智能化决策，为企业的智能化财务管

理提供强有力的支持。商业智能的关键是为决策者提供企业数据的全局视图，在此基础上利用合适的查询和分析工具、数据挖掘工具等对其进行分析和处理，最后将知识呈现给管理者，为管理决策提供智能支持。

何谓“一流”的财务管理？

扫码观看视频

2022年3月，国资委发布《关于中央企业加快建设世界一流财务管理体系的指导意见》（国资发财评规〔2022〕23号）的通知，要求通过5年左右的努力，中央企业整体财务管理水平明显跃上新台阶，通过10—15年的努力，绝大多数中央企业建成与世界一流企业相适应的世界一流财务管理体系，一批中央企业财务管理水平位居世界前列。

关键的问题是：到底什么是世界一流企业？世界一流企业的财务管理体系是什么样子？这也是大家脑海中浮现的第一个问题。

首先，什么是世界一流企业？这个问题仁者见仁，智者见智。所谓世界一流企业是指在全球范围内，在某一经济领域或者行业中长期保持竞争优势，具备竞争能力和竞争吸引力要素，并获得一致认可的企业。具体来看：

第一，世界一流企业拥有国际视野，立足于全球视野配置资源，塑造国际影响力与加强风险管控。

第二，世界一流企业应实现战略引领，主业突出，产业布局优化，可持续发展。

第三，世界一流企业的公司治理有效，有科学决策、有效制衡的公司治理机制与完善制度体系。

第四，世界一流企业具有强大的领导力、人才培养能力与选人用人能力。

第五，世界一流企业具备敏捷性，可充分利用数字化手段实现风险管控与合规管理。

第六，世界一流企业具有先进独特的企业文化和较强的社会责任。

第七，世界一流企业以客户为导向，持续提升品牌竞争力。

第八，世界一流企业具有合理的规模经济与较强的盈利能力。

第九，世界一流企业持续创新能力强，拥有自主知识产权的核心技术。

第十，世界一流企业具备数字化能力，并以此构建持续的核心竞争力，推动数字化转型与智能化转型。

其次，何谓世界一流的财务管理？根据《关于中央企业加快建设世界一流财务管理体系的指导意见》，中央国有企业未来5—15年财务管理体系建设与优化目标是围绕“支撑战略、支持决策、服务业务、创造价值、防控风险”展开的。

从支撑这个文件的要素来看，具体包括理念、组织、机制、手段四个变革，核算、资金、成本、税务、资本五个职能，全面预算管理、合规风控、财务数智、财务管理能力评价、财务人才队伍建设五大体系，与建设世界一流企业财务管理体系的一个目标合起来简称“1455框架”。

我认为，世界一流企业财务管理应具备以下特征。

1.理念方面

第一，从以利润为导向向以公司市值、现金流和利润为导向转变。

第二，由处理交易为主向提供未来的信息转向。

第三，从简单的记账核算向参与政策制定、扮演咨询顾问的角色转变。

第四，从信息的存储向信息的提供者和分享者转变。

第五，从事后反映为主、以结果为驱动，向计划主导、结果和过程驱动、数据驱动并重转变。

第六，财务人员从记录员、监督员向评论员、业务伙伴（BP）发展。

第七，突出财务管理的价值整合作用，业务财务实现融合。

第八，财务人员成为公司战略规划的主要参与者，也是公司价值创造的协作者、保护者和促进者。

第九，财务人员学会与管理者、业务部门进行有效沟通，了解业务部门的工作内容及面临的工作问题。

第十，财务人员开始从市场和竞争的视角去满足核心业务的需求。

2. 财务战略方面

第一，财务定位。立足全球化、一体化和市场化，围绕业务链、资金链、价值链，以整体价值最大化为目标，统筹财务资源，优化资金配置，控制财务风险。

第二，财务目标。结合优势与劣势，统筹长短期、现实与未来，建立反映量（产量、规模、成本、消耗）和质（回报率、盈利能力、利润、EVA）的不同指标体系与目标体系。

第三，内容构成。建立以资金战略（投资、融资、收益分配、税收筹划）、资源战略（预算管理、成本管理、财务风险管控）、会计战略（机制体制、会计核算、财务人员、财务信息化）为主要内容的财务发展战略。

3. 基础管理方面

第一，建立科学的组织架构运行机制与管理机制，通过机制建设，保障财务管理体系有效运行。其中的组织架构应该体现战略型财务管控，集权与分权相互结合，决策、执行、监督相互分离的原则。

第二，不断运用精益管理的理念提升现有的基础管理水平。

第三，持续加强培训，引进来，走出去，不断提高会计人员素质。

第四，有效使用最新的信息技术，提高财务管理水平。

4.财务管控体系建设方面

第一，在集团层面，应在集团战略目标指导下，制定、实施集团总体财务战略，服务于集团战略目标的实现。

第二，在职能层面，应根据总体财务战略对集团内财务资源进行整合、配置，实现资源利用效率最大化、资源消耗最小化、集团价值最优化。

第三，在运营层面，应通过具体的方式降低基层代理人违背集团决策、不遵守职业道德而产生的各种成本和损失。

第四，在财务管控体系建设上，应该在集权与分权，全面预算管理体系，资金集中管理体系，财务共享中心模式、全面风险管控体系建设上结合自身特征实现有所选择。

5.经营绩效评价方面

应从规模、盈利能力性、经营成长性、债务风险、资产质量等维度考虑经营绩效评价指标的设置。

新时期财务应树立的十大思维

扫码观看视频

思维决定了行为的高度，思维的视角越丰富，看问题就会越透彻，因此，财务思维至关重要，那么新时期到底需要一个什么样的财务思维？

一、流程管理思维

流程管理是信息化的基础。没有流程梳理不可能实现信息化，否则就将线下问题挪到线上。流程梳理区别于目标管理的关键在于在标准化的基础上融入规则、岗位职责、表单、风险点、内部控制的方法体系。

二、沟通思维

卡耐基曾经说过：“一个人的成功，15%来自专业技术，85%来自人际关系和做人处事的能力。”如果只建立了流程，但不注意沟通，就会出现条块分割、各自为战。“一个和尚有水吃，两个和尚抬水吃，三个和尚没水吃”，沟通的重要性可见一斑。

三、协同思维

沟通引出协同思维。为什么要协同？因为在沟通的过程出现了问题，如果是内部协同，往往体现为业财融合和共享服务。业财融合是为了体现财务的价值，实现准确性、敏捷性、决策有用性。而外部协同，其实就是共生思维，引导大家不要去竞争，而是在内部协同的基础之上，在外部系统之间相互协同实现“共生”。

四、业财融合思维

业财融合不是组织架构的融合，而是数据的融合。这种融合，一方面，要保证从业务端到财务端的数据完整、及时、准确；另一方面，需要业财融合形成有用的决策数据，以服务于业务，实现价值增值。

五、平台思维

平台思维要求我们将现有的信息系统建设看成平台建设，即数据平台，它既是数据的采集平台，又是数据的加工与分析平台。平台思维有利于改变现有的组织架构，去中心化，实现前、中、后台的建设，有利于扁平化，克服金字塔型财务组织架构的不足。

六、连接思维

平台建立之后，既要有来自内部通过业财融合平台连接实现的数据采集，还要有通过外部的平台连接实现的数据采集，这种连接扩大了财务数据平台的数据来源，有利于分析和可视化，实现决策有用性。

七、服务思维

财务一方面强调监督，另一方面又要实现业财融合，这个难度很大。而以业务服务为导向的服务思维缓和了这种矛盾，使财务很快融入到业务活动中，甚至走向了事前和事中。此时，监督也自然而然地融入其中。可见，服务有利于推动业财融合，体现财务的价值。财务共享服务就是如此，改变那种总是说这不行、那不行，却不告诉人家怎么才行的思维。

八、战略思维

战略思维可以提升财务人员的高度，制定有效的财务战略更是如此。战略也打通了财务与业务、价值创造之间的关系，帮助财务找到了前进的方向，更有利于体现财务的价值。全面预算管理是财务连接战略的有效工具，有利于企业战略的落地，同时也体现了财务的主导作用和管理智慧。

九、敏捷思维

敏捷思维体现了财务的实时性而不是滞后性。财务可以迅速响应业务的变化和管理者的要求，而不是“事后诸葛”。敏捷思维需要数据的横向贯通与纵向的流转通畅，敏捷思维对财务提出了更高的要求。

十、价值创造思维

财务的价值创造，不是单纯地通过信息、数据的提供来实现决策有用性。更重要的是拥有理财和资本运作的思维，实现价值增值，这时的资金应被看成资本，资产要向资本转变，需要与金融进行有效融合，实现价值增值与风险管理。

这一点，在世界一流企业的财务管理体系的特征中已经得到体现——以价值创造为根本目标。

管理的改进来源于创造价值，并最终服务于价值创造。例如，华为公司认为，价值创造就是长期实现有效增长，评价的标准：多产粮食，增加土地肥力。多产粮食就是不仅要实现销售收入，还要有利润和现金流。土地肥力来自核心竞争力，核心竞争力来自客户和货源。因此，我们要以客户的价值观为导向，不断提高客户满意度。货源就是要解决低成本、高增值问题。而解决货源的关键在于强大的研发能力，可以及时提供新产品。因此在资源配置上就要不断投入，构筑公司面向未来的竞争优势。

企业财务转型需要正视的四个问题

扫码观看视频

《关于中央企业加快建设世界一流财务管理体系的指导意见》(国资发财评规〔2022〕23号)提出了财务管理的基本功能定位，即“支撑战略、支持决策、服务业务、创造价值、防控风险”，为企业集团财务管理的转型发展指明了方向。对标这一要求，目前传统企业集团财务管理面临哪些亟待解决的核心问题呢？我认为，传统企业集团财务管理主要存在财务与战略一体化程度不足，财务与业务一体化程度不足，分散式财务核算与管理模式面临挑战，以及重核算与监督、轻管理与服务四大问题。

一、财务与战略一体化程度不足

随着市场竞争日益加剧，企业和环境之间的互动日趋复杂，在这种情形下，企业集团需要根据环境及其可能发生的变化，谋划未来的发展方向及其相应的实现路径，以求得长期稳定的发展，这种全局性和长期性的谋划就是企业发展战略。特别是随着现代企业经营环境的变化、管理要求的日益提高、战略管理的广泛推行及财务管理的逐步加强，传统财务管理理论与方法已不能更好地适应当今企业战略管理的需要，以战略管理的思想为指导，对企业财务管理的理论与方法加以完善和提高，将之推进到战略财务管理的新阶段是一种必然。

从理论上看，传统的财务管理理论侧重于从微观层面解释企业内部财务管理，站在单个企业的立场来解决企业的财务管理问题。这种传统的财务管理理论无法服务于企业的长期发展和实现战略联盟整体价值最大化目标，已经不能解决企业在宏观战略联盟下出现的财务管理问题。尤其是在契约理论、交易费用理论、产权理论等制度经济学理论广泛运用于财务治理的背景下，传统的财务管理已经面临来自诸多新兴财务管理学说的挑战，如财务战略管理、竞争财务管理等。

从实践上看，企业集团的经营多元化，虽然分散了部分经营风险，提高了企业的竞争实力，但企业管理能力的提高并没有跟上企业发展的速度。很多企业集团的财务部门仍单纯从财务观点出发进行财务管理，以实现财务自身利益的最大化。企业集团在实施多元化战略的同时，容易忽视自身的专业化优势，在财务管理上过度分权，使母公司难以从集团整体发展的战略高度，统筹安排投融资活动，导致投资分散，各分子公司各自为战、各行其是，盲目追求局部利益最大化，相互之间无法协同一致，最终削弱整合带来的规模效益。

可见，无论在理论上还是实践上，都应将财务管理提升到企业战略的高度。所谓“支撑战略”“创造价值”，就是要注重战略财务管理，关注企业战略决策的财务方面，在符合企业总体合作与竞争战略的前提下，以最恰当的方式融资，并在组织内部有效利用和管理这些资本，包括企业盈利再投资和分配决策等。而“最恰当的方式”就是由企业的战略安排和主要利益相关者的利益权衡来决定，从战略的角度考虑和设计企业的财务行为。同时，还需要注重企业的利润管理和价值评估，在企业各项决策中充分考虑财务因素，确保企业所做的每项决策都能够为企业创造经济价值。

另外，集团财务战略的制定和实施要兼顾集团内部各法人公司的利益和公司具体的资金和资本运作安排，但更重要的是在集团内部形成财务和资金资源优化配置的统一认识和方针。在兼顾各成员单位的利益和形成统一规划之间寻求一种平衡是最难把握的问题。如果倾向于各成员单位，集团层面统筹安排的难度将会变大，甚至有可能受个别成员单位意志的影响而偏离集团整体的财务战略；如果企业集团的定位过于强势，则有可能扼杀成员单位具体的财务活动安排和财务管理处理的灵活性，使集团成员单位丧失财务战略的主动性和能动性，如果集团内大部分成员单位形成了这样的行为模式和思维方式，对企业集团整体的财务战略安排将相当不利。

二、财务与业务一体化程度不足

长期以来，由于观念认同、部门建制、软件开发等原因，财务业务相互分离，财务业务一体化建设的进展极其缓慢，甚至许多企业并未意识到财务业务一体化的重要性。在传统的思维模式中，财务部门往往把自己封闭在数字的壁垒中，将费用报销、会计核算、对外报告等作为自己的核心工作，即使展开财务管理，也往往从自身的专业角度出发，形成以满足财务目标为结果的工作导向。

在数字化时代，业务与财务的分离还表现在数据的分离。对业务部门而言，要通过数据分析的方式明确业务绩效，如销售政策带来的利润增长、营销活动拉动的潜在需求、工艺调整减少的工时消耗、采购合同降低的采购成本等。但这类数据仅从财务端很难获得确切的反映，财务难以判断业务部门提供的数据是否准确，更难以为他们提供决策上的支持。原因在于，财务所能获得的数据是经过账务处理简化而来的。例如，采购物流成本，财务端的数据主要来自发票，不仅时间上滞后，而且只有金额和供应商等基本信息，难以对更加细致的数据进行分析，甚至无法判断发运方向，其作用将大打折扣，业财融合也就无从实现。

但在业务实践中，现代企业财务管理要求财务和业务逐步融合，并最终实现一体化，财务管理应当朝着“支持决策”“服务业务”的方向转型。一方面，财务工作需要基于业务的战略方向制定预算目标、绩效目标，据此制定下级机构的关键绩效指标（KPI），并在与业务充分沟通后推进落实，而不是由集团财务脱离业务实际制定目标，导致执行和目标脱节；另一方面，财务还需要深入业务前端，反映财务分析获得的数字结果后的业务实质。传统意义上的财务分析，仅看到了数据表面的异常情况，难以深入展开分析，发现异常的本质。而财务业务一体化的场景下，财务人员的日常工作和业务团队密切结合，参与业务经营决策的整个过程，能够更好地理解业务对于财务的深层次分析需求，并针对性地提供财务管理报告。财务业务一体化，将成为财务管理的必然趋势。

三、分散式财务核算与管理模式面临挑战

1.分散的独立财务组织效率低下、成本高昂

所谓分散式的独立财务组织是指在各个分支机构或子公司分别配置一套完整的财务人员，包括财务经理、会计和出纳等。这些独立的财务组织按各自的意愿、标准行事，相互之间没有经常性的沟通，分散式的财务组织无法在不同单元实现负载均衡。如果一个业务单元工作量突然加大时，其他单元的闲置能力无法进行及时地支援和补充，同时，由于无法形成专业化分工，要求每个人掌握全面的技能，对人

员素质的要求相对较高，必然带来高昂的成本。

2.缺乏对业务的支持能力和战略推进能力

分散式的财务组织一方面工作低效、成本高，另一方面严重地制约了业务支持和战略推进能力的发挥。这种能力的制约来源于无法摆脱的基础业务。由于会计核算等基础业务是由当地的财务团队自行完成的，他们一方面要面对集团总部，学习最新的制度政策，按时出具各项报表报告；另一方面基层业务单位的报销、支付都必须经过当地财务团队实现，他们必须面对频繁的点对点沟通。这种情况下，有限的能力和精力被频繁重复的琐碎事务所占领，深入业务进行业务支持和协助集团进行战略推进变成一句空话。在这种内外交困的局面下，只有彻底地摆脱基础业务，释放基层财务人员的能力和精力，才能够发挥财务团队的作用，实现真正的财务与业务一体化。

3.企业集团风险管控能力不足

世界一流企业财务管理体系还提出了“防控风险”的要求，但是分散式的财务组织一定程度上削弱了集团对基层业务单位及子公司的风险防控能力。在分散式财务组织形式下，基层财务团队具有相对的自主性和灵活性。集团的政策下发到各基层单位是否能够得到有效的落实和执行成为一个值得怀疑的问题。对基层业务单位而言，因财务人员受当地的环境和人际关系潜移默化的影响，当集团政策和基层业务单位意愿发生冲突时，财务人员会陷入两难的局面。而很多时候，他们会选择向基层业务单位妥协。对子公司而言，由于它本身是独立法人，具有自主经营、自负盈亏的法律地位，甚至拥有对财务人员的考核和薪资发放权力。这种情况下，要求财务人员坚定不移落实集团政策显然存在极大的困难。这些因素最终导致集团对基层业务单位及子公司财务管理、财务风险防控能力的下降或丧失。

四、重核算与监督、轻管理与服务

长期以来，我国企业财务部门的主要职能就是会计核算，重视报表的产生，重视对事后结果的计量与记录反映工作，会计活动过多地偏重向外部利益相关者提供并解释与企业财务状况和盈利能力相关的历史信息，主要为满足外部投资者、社会公众和政府有关部门的需求；而利用相关信息为内部管理者提供经营管理决策、提高经济效益等方面作用发挥得不够充分，没有更多地发挥财务管理的事前预测、事中控制、事后分析职能。会计信息的价值创造作用未能得到充分挖掘，没有涉及管理会计的预测、决策、规划和分析，企业经济活动与效益的评估，内部责任会计和业绩评价等功能。

与业务部门相比，财务部门在企业常常被称作成本中心。尽管我们提出财务管理的目标是帮助企业“创造价值”，但是从现实来看，企业会计人员的类型大多具有财务会计核算背景，大多数财务会计人员埋头苦干，满足外部监管方对于报表的需求，而忽视了对企业管理的真正参与。虽然从事了一些全面预算管理、绩效评价的工作，但从财务会计资源以及人员素质的角度来看，明显不足。

管理会计作为企业管理的重要工具，能够渗透到企业的各个层面，为企业管理提供基础信息、管控手段、评价方法等，从而为企业决策、改进管理和提高效益服务。管理会计的倡导实施，有利于管理者重视并充分利用财务数据进行管理实践，实现精细化管理，促进企业成本控制落地，还有利于财务会计人员尤其是核算型财务人员向战略型财务和业务型财务转型。

除了重核算、轻管理外，重监督、轻服务也是传统财务管理的一大弊端。由于重视核算的财务主要向外部利益相关者提供并解释相关财务信息，因此对于企业内部人员而言，财务往往是监督、管控的角色。在实践中，有的业务人员对传统财务印象不佳，认为其工作不但难以产生价值，甚至还会带来麻烦。任正非早年提到：“我们前方的作战部队，只有不到三分之一的时间，用于搜索目标和将机会转化为成果上，而大量的时间用于频繁地与后方的沟通上，是后方拖住了前方作战部队的后腿。”传统财务管理模式下，财务人员以监督和管控的姿态面对业务人员，使双方站在了对立面。当企业需要转型时，这种关系将不利于推动企业的业财融合。

未来，财务应当强化自身的服务职能。稻盛和夫说：“不要以为只有购买我们产品的人才是我们的顾客，我们的同事、我们的上司、我们的领导其实都是我们的顾客，如何为他们做好服务也是我们的职责。”由于几乎所有的经营活动都涉及资金，财务人员可能跟企业内所有的人产生工作联系。换个角度思考，企业当中的所有人都可以是财务的“客户”。当其他人员，特别是业务人员对财务工作不满意时，需要财务人员主动“碎石”，以服务为手段解决矛盾冲突及工作价值问题。不论是财务会计还是管理会计，都应当主动地确认自己的“服务”身份，以服务的理念带动财务职能转型的发展。

面对上述问题，企业集团亟须通过完善财务管理体系顶层设计、建立财务共享服务中心与司库管理中心，开展财务组织架构变革等方式，推动财务转型升级，从而实现“支撑战略、支持决策、服务业务、创造价值、防控风险”的基本功能定位于建设的目标。

新时代背景下财务管理体系变革趋势洞察

党的二十大报告指出，“时代是思想之母，实践是理论之源”，这是一个需要理论也必将产生理论的时代。党的二十大报告中还提到“中国式现代化”，中国式现代化开辟了发展中国家走向现代化的崭新之路，也拓展了发展中国家走向现代化的途径，为人类实现现代化提供了新的选择。

我国针对会计的信息化虽然起步较晚，但是发展进程相当快。如何实现和建立一个本土化的中国式现代化的会计信息化体系？这个问题在中国式现代化提出来之后变得非常有必要性。

中国式现代化仍然需要加快现代化的经济体系建设，加快构建新的发展格局，促进新时代经济高质量发展。尤其是2021年财政部印发的《会计改革与发展“十四五”规划纲要》提出，会计职能需要对外对内扩展，对内拓展聚焦于提升微观主体的管理能力，对外拓展归集于服务宏观经济和经济治理等方面。

随着会计职能的落地，会计信息化如何提升和服务于对内拓展和对外拓展的能力变得非常重要。中国式现代化需要我们打造具有中国特色的会计和财务管理理论方法体系，企业的商业模式和数字化转型正在加紧推进，我们必须看到新技术的发展，大智云区块链对新场景带来新的冲击和变化，并结合这些场景推进会计和财务职能的转型。

当然，在此过程中肯定还要加强党的领导，即在新时代下政治、经济和技术对财务管理变革带来的三大主要影响。

一、财务管理体系变革方向

从未来财务管理体系变革的方向上看，我们认为主要表现在以下五个方面，这五个方面也是《关于中央企业加快建设世界一流财务管理体系的指导意见》中提到的五个主要的目标方向。

1.支撑战略

财务人员不能仅停留在记账、算账、报账的工作上，也不能只停留在资金的收付、头寸的管理及简单的结算工作上。财务人员应该在更高层面连接组织的发展战略，企业也应该制定自身的财务战略，并实现财务战略的落地。

2.支持决策

以往的会计核算和财务管理更多偏重效率提升、成本节约以及管控加强，忽略了管理者在决策时正确、积极地使用会计信息的能动性。从过去的经验式走向高质量依赖于数据是财务管理体系支持决策的一个重要表现，这也就要求以往偏重核算端的会计要走向业务端，走向更高的治理端。

3.服务业务

业务型财务是指通过服务降低业务人员的反感，以服务者的姿态服务于业务，甚至向前端服务于业务的客户，让业务人员认可会计的价值的财务人员。

4.创造价值

创造价值分为直接创造价值和间接创造价值，过去更多体现为间接创造价值，是信息使用者利用财务提供的信息进行的价值创造。由于这些会计信息是事后信息，并按照会计准则语言重新加工生成，对于没有学过会计和财务管理的管理者和使用者来说，很难利用这些信息创造价值，因此应提高会计信息的可理解性以实现更多的间接价值的创造。在直接创造价值方面，必须要看到资金管理和金融的相互融合，当更多的实体基础和产融进行结合时，便会创建更多的价值链条。

5.管控风险

在价值链条中如何更好地使用金融产品，同时还能够管控风险来直接创造价值以更加体现财务的价值，这是2022年1月国资委发布的《关于推动中央企业加快司库体系建设进一步加强资金管理的意见》（国资发财评规〔2022〕1号）中对中央企业加快司库体系建设步伐的标准。

二、财务管理体系变革中的两大障碍

1.业财融合问题

传统的财务管理变革更多地集中在核算系统上，即在核算系统上努力地提升效率、提高流程再造能力和智能化能力。例如，现在很多公司建立财务共享服务中心，但只是围绕核算端，更多地追求审核和核算的效率，只体现共享而没有体现服务，而且这种共享的功能是通过人员的物理集中和流程集中来实现的。

从自身的内部组织体系来看，财务共享服务中心建立完成后划分了共享财务、业务财务和战略财务三部分，如何利用财务共享服务于业务财务和战略财务是存在的最大问题。业务财务和战略财务所使用的工具是全面预算管理、风险管理、成本管理、税务管理、绩效管理，其作用的发挥依赖于业财的数据融合。但目前仍然依赖于事后生成信息的财务管理系统，或者通过财务共享服务中心连接以加强集团管控能力建设的系统，使这些管理会计工具作用的发挥大打折扣，归根结底是数据问题。

显然，财务仍未从会计核算突破到业务端，也没有真正和业务层面的ERP系统、CRM系统进行有效的融合，只是把线下部门之间的条块分割、各自为战变成了系统之间的信息孤岛和数据孤岛。这就是财务管理体系变革中存在的一个障碍——“业财融合问题”演变成了“业财的数据融合问题”。

2.数据治理问题

在数字化时代，管理会计系统想要有效发挥作用单纯地依靠核算形成的数据是远远不够的，更需要业务的数据。获取有效的业务数据需要我们搞清楚后端的数据需求，也就是通过监管方、管理方、业务方、财务、客户方需要的指标去倒推核算和业务端能够得出的指标。通过业财融合的方式将业务的数据赋予财务的含义，对业务数据进行有效的标签治理和筛选以形成后端所需要的数据和指标。

这个时候我们需要建立一个数据中台系统来实现业财数据融合，通过数据中台的筛选、清洗实现数据治理，以提供业务端形成数据决策的数据基础。原有的智能财务更多是在智能审核上实现的，而未来智能财务的实现要通过决策端实现。如何用机脑代替人脑进行决策，这是未来人机协同时代所面临的更大问题。

综上，我们发现财务体系变革中面临的两大障碍：一是业财流程整合问题，二是业财整合完后出现的数据治理问题。传统的流程整合问题是过去工业化系统流程再造一直存在的问题，而数据治理问题是在数字化时代面临的新问题。

三、财务管理体系变革策略

如何进行变革？我们认为，主要在于六大方面。

1.驱动方式从目标驱动、流程驱动走向数据驱动并重

传统驱动方式是从目标管理走向流程管理，目标管理更加粗放；流程管理通过流程再造把目标管理短期行为变成一个可复制、可标准化、可流程化的行为，并辅之管理制度化、制度流程化、流程岗位化、岗位职责化、责任表单化。流程再造的最主要目标是加强沟通，提高系统的协同能力和效率，在线下的表现就是开会。

数字化时代，我们期望将传统的依靠领导者的经验管理变为依赖于数据支撑的决策管理，这就要求整个会计信息生成的驱动方式从目标管理走向流程管理，从流程管理走向数据管理。

2.组织架构从金字塔型、橄榄型走向前中后台模式

传统的金字塔型组织架构形成了森严的授权审批体系，这个过程中面临着信息不对称、沟通障碍，条块分割、各自为战等问题。因此，要向前中后台模式的组织架构进行转型，把更多资源往业务推进，体现的思路是集中的更集中、分散的更分散。

3.财务职能从核算、监督走向服务

财务转型的一切是为了业务，只有业务才能创造价值。财务转型的方向是为了变成中台的数据分析系统，前端必须要把财务向业务端推进，后端要生成决策的信息系统，中端就是要基于核算变为财务共享，基于财务共享变成财务数据中台，实现前中后台的数据转化，提升业财融合的服务能力。

4.财务转型是以双主线推动财务转型，实现集中的更集中、分散的更分散

财务转型的一条主线是会计信息系统，另一条主线是价值创造的财务。会计和财务是有区别的，会计侧重于信息系统的生成和提供，而财务主张以资金创造价值，实现投资、融资、资本成本的最小化，甚至站在更高层面进行集团公司资金集中管控和金融资源的集中配置。

另外，会计信息系统是以财务共享生成业务财务和战略财务。价值创造系统是以资金集中核算的财务公司，在财务公司的基础上建设司库型财务公司，最终建设完成独立的司库管理体系，这与世界一流财务管理体系建设的两条主线“推动会计核算变革和资金管理变革”不谋而合。

5.财务思维变为平台思维、连接思维、共享（生）思维、智能化思维

在财务转型的背景下，信息系统不再是单纯的信息系统，其构建的是平台，平台构建的是连接，连接让数据范围扩大。对内连接叫业财融合，组成一体化的数据共享集成系统；对外连接叫共生系统。当前自动化的程度已经可以实现一些智能化，这些智能化最重要的问题是如何从核算场景还原到业务场景，如何在业务场景中实现更多的智能化运用，这才是财务思维的转化。

6.未来的财务人员是“会计+财务+金融+IT+管理”的复合型人才

在数字化时代，为了更好地体现会计和财务的价值，还原会计和财务的本质，我们进行了大量智能化的应用。这个时代要求财务人员拥有数商和数据思维，而不是成为计算机高手。未来出现的“会计+财务+金融+IT+管理”复合型人才将是财务管理体系变革最主要的方向。

应以财务转型的视角推动世界一流企业财务管理体系与司库体系建设

扫码观看视频

2022年，对于中央国有企业财务人员来说，发生了两件大事：一个是颁布了《关于中央企业加快建设世界一流财务管理体系的指导意见》，另一个是颁布了《关于推动中央企业加快司库体系建设进一步加强资金管理的意见》。如今这两个文件已经执行了一年多，我想针对了解的一些情况，与大家分享一些心得体会。

我认为，这两个文件应该从财务转型的角度去看待，而不应单纯地从执行的角度去看待。

从财务转型来看，财务人员应从低附加值的劳动当中解脱，去从事更高附加值的劳动，以真正体现财务人员的价值。这个价值在世界一流企业财务管理体系的功能目标当中已经明确指出，即支撑战略、支持决策、服务业务、创造价值和管控风险。看似简单的几句话，事实上对财务人员的要求是非常高的。那么，我们会思考，目前什么样的手段能够支撑战略、支持决策、服务业务、创造价值和管控风险呢？目前手中的大部分核算工作能不能实现这些目标？显然，按照会计规则生成的事后信息，是不能够满足这种需求的，因为一个人的精力和一个组织的职责是有限的。怎么办呢？财务共享服务中心建设应运而生了。

一、支撑战略

财务共享服务中心将财务人员划分为共享型财务、业务型财务和战略型财务。业务型财务和战略型财务就是为更高附加值进行服务的最主要的财务人员。例如，全面预算管理作为财务活动的起点，可以连通战略，进行战略落地，其本身就是战略落地的资源配置活动。搞好全面预算管理，就是支撑战略的活动。当然也需要财务制定自身的发展战略，以此来落实一个组织的发展战略。

二、支持决策

数字化时代需要数据来进行支撑决策，以往靠流程再造进行的管控和规则的生成是难以支持决策的，这就要求我们从目标管理走向流程管理与数据管理并重。要将传统的流程再造与规则的管控看作数据的采集与生成的过程。依靠数据的思维才有可能实现支持决策的目标。

三、服务业务

文件中强调的是服务业务，而不是管控业务。服务业务首先要求我们在思维方式和理念上进行变革，将服务的理念融入控制，以支撑战略、支持决策。面对业务我们不能总是强调控制或监督，而应在财务组织里真正地做实和发挥业务型财务的作用，而业务型财务最重要的职责是推进业财融合。以服务的方式，真正地保证财务的规则能够融入业务执行的流程和表单中，以保证业务执行表单的统一性、合法性和合规性。从业务传递到财务的数据，可以自动生成报表，通过表单的生成，采集更多标准化和有价值的数据。当然在转型的过程中，我们要将表单的制作、数据的生成和采集融入表单的再造过程当中，而不仅是为了实现核算的自动化。转型的目的在于数据的采集，而数据的采集是通过可视化和分析支持决策。

四、创造价值

管理会计和财务会计能否直接创造价值？显然会计是一个信息系统，只有为创造价值的组织或者个人所用，它才能够直接创造价值。也就是说，无论是财务会计、管理会计，还是对内对外提供信息的系统，它们只能间接创造价值，那么谁又能够直接创造价值呢？这时候就需要会计和财务进行有效的剥离，司库就上场了。

司库是未来财务向金融转型最主要的方向。其核心的管理对象是资金。过去由财务公司进行资金的集中管理，并且从事了简单的借贷活动、结算活动、头寸管理活动。但是这些活动受到非银行金融机构性质的监管，难以有效地站在集团层面，发挥资金集中管理的作用。为什么呢？因为海外资本的管理、并购重组理财功能的发挥、利率汇率的市场风险管理，全部交由专业的二级子公司管控。从集团层面上来说，资金管理实际上仍然是分散管理，而非集中管理。就算是通过财务云或者系统的功能方式，在一个系统的操作界面上实现了所谓的虚拟集中，从组织架构以及权责上看仍然是分散的。这导致资金的风险不能够得到可视化和集中管控。

司库体系是建立在财务公司的基础之上的，通过向上衍生为战略层面的金融资源配置，向下剥离简单的、重复性的、低附加值的收付结算交由财务共享服务中心去完成，从而要求二级子公司，充分利用资金管理的理财功能与风险管理功能。资金管理体系作为财务管理的核心内容也进行了战略层面、功能层面和操作层面三位一体的划分，这不仅是资金管理的转型，也是直接创造价值的体现，更是财务人员在充分利用各种金融工具与风险管理，统筹海内外资金与金融资源，发挥其价值创造的作用。

当然在这一过程当中我们还会发现，拥有数据的财务组织，可以进行各种风险的预警和预测。有效地将风险管理、内部控制的规则融入业财融合的流程中，实现落地并且发挥数据所积累的预警作用。

世界一流企业财务管理体系的建设与司库体系的建设，有效地推动了财务人员和组织的转型。如果不这样去看待，仅是当成一个政策去执行，那么很容易肢解了政策当中所隐含的财务转型的需求。其结果就是造了一套系统，投入了很多资金，却难以真正有效地发挥财务转型所带来的组织转型、理念转型、功能转型。如果转型不到位，现实中的条块分割、各自为战的组织问题仍然没有得到解决，进而导致信息系统不能够实现最初的设计目的。信息系统可能会增加业务的工作量，采集的数据不准确；组织上的藩篱造成系统上的数据孤岛，其结果会使建设大打折扣。就好比司库体系的建设，如果没有在集团层面建立司库中心这一组织和司库长这一职位，资金中心、海外资金中心、金融中心或者资本中心，仍然各自为战，那么财务公司所建立的司库体系到底为谁所用呢？其结果只会受制于财务公司权力范围，以及监管层面上的要求，难以有效地发挥整个集团资金集中管理的效应。

企业司库与SWIFT系统

2022年，在俄乌战争中，美国、欧盟、英国和加拿大发表共同声明，宣布禁止俄罗斯使用环球同业银行金融电信协会（SWIFT）国际结算系统。

利用SWIFT系统，美国将切断俄罗斯的美元支付通道，对俄罗斯生活必需品的进口和经济命脉石油等资源的出口造成严重负面影响。

有人也把SWIFT系统，称作金融核弹，可见其威力巨大，SWIFT系统也因此走入了平常百姓的视野中。SWIFT系统到底是什么？今天我想通过司库的视角来谈谈这个系统。

SWIFT是“环球同业银行电信协会（Society for Worldwide Interbank Financial Telecommunications）”的缩写，它成立于1973年5月，最初是由6家欧洲经营国际业务的银行发起，约定了一套在国际转账交易的信息规则。

如果你有过任何海外账户的汇款经历，应该记得，不管汇入还是汇出资金，银行都会要求填写目标银行的SWIFT代码。

在国际清算过程中，如果两个国家之间的银行要汇款，无论是个人业务还是企业业务，都必须通过SWIFT的报文平台来传送金融信息，然后支付系统根据收到的支付指令完成资金清算。直白地说，想要国际清算就绕不开SWIFT系统。

由于SWIFT系统低廉快捷，国际的资金流动变得更加容易，全球贸易由此迅速发展，互相成就之下，SWIFT变成了一套国际交易的信息标准。任何一家金融机构，只要涉及大量的对外贸易业务，加入SWIFT系统，可以说都是一项必然选择。

SWIFT系统的出现与1973年美国布雷顿森林体系的彻底垮台有着密切的关系。布雷顿森林货币体系（Bretton Woods System）是指第二次世界大战后以美元为中心的国际货币体系。1973年3月，欧洲出现了抛售美元、抢购黄金和马克的风潮，整个汇率体系波动加大，后来欧共体9国决定抛弃原本与美元的固定汇率体系，开始建立浮动汇率体系。

浮动汇率体系需要更加快捷、方便和低成本的银行间信息传递，SWIFT系统就应运而生。随着国际贸易发展和银行间国际业务的开展，美国、加拿大及欧洲15个国家的诸多银行，都先后加入SWIFT系统。

随着全球贸易的迅速发展，SWIFT的会员单位，已经从银行扩展到其他金融机构、金融交易所和大型企业集团等，覆盖全球200多个国家和地区，会员单位超过了1.1万家。其中，中国银行于1983年加入SWIFT，成为其第1034家会员。之后，越来越多的中国机构加入，中国农业银行、中国工商银行、中国建设银行、中国交通银行、中信银行等都已成为SWIFT的会员。中国也成为SWIFT越来越重要的业务来源。

SWIFT系统不同于资金清算系统，不持有客户基金或管理账户，无关清算、结算等业务，是类似于"金融服务互联网"的国际网络。SWIFT只是约定了转账的代码和规则，仅仅涉及信息的传递，并不涉及真正的清算和资金流向，而真正的资金清算，还要与主要经济体清算系统对接。例如，美元的真正清算，还是依赖于美国纽约的清算银行同业支付系统（Clearing House Interbank Payment System，CHIPS），这也是全球最大的美元清算支付系统。欧元区的国际支付清算，则主要基于泛欧实时全额自动清算系统（Trans-European Automated Real-time Gross Settlement Express Transfer，TARGET），但主要是清算欧元头寸。

中国国内的跨境支付清算，则主要采用人民币跨境结算系统（Cross-border Interbank payment system，CIPS），CIPS实现实时支付清算，然后大额实时支付系统（High Value Payment System，HVPS）断后，用于最终的清算，SWIFT系统在境内可以直接被CIPS专线替代。另外，中国的银行间跨行支付清算还有中国现代化支付系统（China National Advanced Payment System，CNAPS），是各商业银行电子汇兑系统的资金清算系统，连接着国内外的银行。

SWIFT系统明明是由欧洲金融机构发起、全球金融机构参与而形成的一套关于支付的信息规则，为什么美国可以指手画脚？这主要是由美元的国际货币地位决定的，而美联储是美元的最终提供者，纽约的CHIPS又是全球美元的清算中心，纽约也是SWIFT的分中心之一，只要使用美元，美国就能通过SWIFT系统对你产生影响。尤其是“9·11”事件之后，美国以监测非法组织资金通道为由，通过相关法案，要求SWIFT系统共享数据，SWIFT系统正式成为美国实施金融霸权的工具。尤其是SWIFT系统与美国自有的CHIPS系统相连接，互通之后，SWIFT系统的结算支付就以美元作为基础币种运行，得益于美元优势，美国事实上就完全控制了SWIFT系统。

反恐还是可以理解的，但事实上，SWIFT系统还可以被利用为制裁国际对手的武器。切断对方的国际支付通道，影响被制裁国的经济贸易。

回顾历史，SWIFT系统已经成为美国对外实施金融制裁体系的核心系统，是美国对外实施金融制裁的一大杀器。美国利用SWIFT系统对其他国家实施金融制裁的现象已经屡见不鲜，如针对朝鲜、伊朗、俄罗斯的制裁，就是美国利用SWIFT系统关闭美元贸易结算通道对其发起金融攻击的具体表现。

那么，我们今天探讨的企业司库建设与SWIFT系统有什么关系呢?

司库是关于资金管理的工具和组织。资金能够实现跨主体、跨地区、跨国家的转移，除了需要依赖于自身转移介质外，更需要依赖于不同国家和地区的清算结算系统。如果将资金比喻为货物，资金介质就是承载货物的汽车，而清算结算系统则是纵横交错的高速路网。

一般情况下，同一国家内部实现资金转移需要通过本国清算系统，如中国境内人民币大额资金清算系统、上海票交所电子商业汇票系统等，而不同国家之间的跨境资金转移则需要通过跨国银行组织构建的国际结算系统来完成，如SWIFT、CIPS等。跨境资金转移的主要流程如图1–1所示。

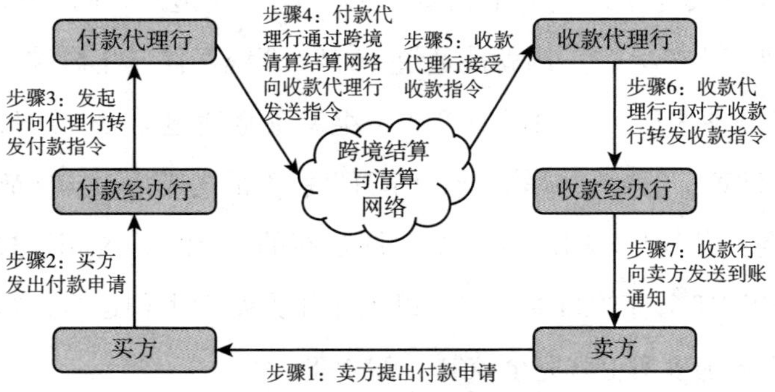

图1–1　跨境资金转移的主要流程

境外资金管理的难点问题之一就是资金清算问题。由于时差，不同银行全球结算时间存在错位，例如，中国香港的结算中心可能无法支撑美洲工作时间的结算需求，而且不同的国家结算方式也存在差异。

总体上，国际清算成本高于国内清算成本，需平衡业务需求和财务成本审慎选择合作银行。

司库部门处理银行间的关系就是如此。

企业司库建设过程中，需要全面考虑司库内外资金的转移和结算方式，合理搭建资金结算体系，满足库内资金在国内外不同场景下的资金高效运营。

20世纪60年代中后期，司库已经成为大型企业集团及跨国公司实现战略目标的重要手段之一，主要是协助财务部门人工核算现金持有量并进行现金归集，该职能的碎片式与辅助式使其隶属于会计部。

20世纪70年代之后，布雷顿森林体系彻底瓦解之后，金融市场的监管开始松动，出现一些新型的短期货币工具，大型跨国企业为了应对国际货币市场的波动，将司库职能从最初简单的现金核算与归集拓展到管理现金收支、保持账户头寸水平、进行头寸集中以及维护银行关系等职能，其专业化程度有了极大的提升，但组织关系仍隶属于会计部。

司库的正式产生与发展与SWIFT系统的出现在时间上具有耦合性，这就注定了两者之间有着不解的缘分。

司库的产生恰恰是在20世纪70年代，跨国企业为了应对国际货币市场危机，减少波动损失，将司库功能扩充至融资、支付、头寸集中和银行关系维持等方面，资金管理的专业化程度要求更高，这也体现了当前我国中央企业“一带一路”走出去，应对国际货币市场的利率、汇率风险和建设司库的必要性。

尤其是跨国支付、资金跨境流动规模和效率的大幅提升，对司库信息化水平提出了更高的要求。司库借助于SWIFT系统，有利于实现资金转移支付的真实性、完整性和保密性，减少了跨国资金转移过程中资金可能出现的时滞性问题。

在俄乌冲突局势下，中央国有企业须完善司库建设的过程，尤其针对那些拥有国际贸易的企业，不可避免地需要处理支付结算问题。例如，跨境转移支付的业务，需要考虑是否绕过SWIFT系统，以避免未来出现的安全性和制裁问题。

俄乌战争的冲突升级可以预见地缘政治的问题不断加剧，若未来中美发生贸易争端，美国也极大可能将中国与SWIFT系统整体脱钩。

为了应对这个可能性，从2015年开始，中国人民银行推出了CIPS，到2023年为止，已经覆盖160多个国家和地区，上千家银行加入，基本上可以完成人民币的境外结算。

此外，建立起自身主导的数字人民币跨境支付体系十分重要。而建立数字人民币跨境支付新体系有两个关键。一是要在技术层面上超越SWIFT系统，二是能够让国际金融机构相信并且愿意使用。为此，我国还应加大投入力度，将区块链等战略性核心技术作为自主创新的重要突破口，以技术创新赋能金融体系，运用新技术将货币的计价、支付和储蓄功能分开，迅速在央行数字货币框架下建立起数字人民币跨境支付新体系。

应该看到，当前以区块链技术为基础的数字货币与国际跨境结算具有天然的融合性，相比于SWIFT系统，基于分布式记账技术构建的实时全额结算系统能够较好地利用区块链去中心化的技术特点。

当然，事实远比想象的复杂得多，其背后还有经济实力和军事实力作为背书，艰巨性可想而知。

第二篇

财务共享篇

TWO

CHAPTER ▶

我们到底需要一个什么样的财务共享服务中心？

扫码观看视频

时至今日，财务共享中心对于企业集团来说已经家喻户晓。不像2011年和2012年，我在与很多没有建设财务共享服务中心的企业谈及应建立财务共享服务中心时，很多人的反馈是："不就是会计集中核算换了个说法吗？没有什么意义！"当我考察了许多企业已经建成的财务共享服务中心时，我说："其实我们把它建成了会计集中核算中心或者报销中心，甚至是费控中心。"许多人不爱听了，解释道，建的就是财务共享服务中心，并大谈特谈其中的缘由。这件事引起了我的思考，我们到底需要一个什么样的财务共享服务中心？首先，我们为什么要建立财务共享服务中心，或者说为了什么？如果在2012年前后谈财务共享，我可能会说为了加强集团管控，对国有企业而言尤其如此。尽管财务共享可以降低核算成本，大量削减从事低端业务、低附加值核算的财务人员，但出于社会责任与稳定，国有企业建立财务共享的理由仍然是加强集团管控。十几年后的今天如果再让我说为什么要建立财务共享服务中心，我认为：

第一，推动财务转型，尤其是推动业务财务与战略财务组织和人员的形成。特别对于业务财务，建立财务共享服务中心后，留在当地的财务必须向业务财务转型，其职责是推进业财融合，尤其是以服务于业务的理念服务于项目管理与项目预算、资金使用计划、初步审核规则的执行、积极提出改进规则及流程的建议。这时候业务财务的关系是十分微妙的，一方面要搞好与当地项目及组织的关系，另一方面义无反顾地执行战略财务及管理业务财务组织发布的控制规则要求。因此，此时的业务财务不仅懂业务，还要懂管理会计工具的使用，而且沟通能力还要强。

另外，建立财务共享服务中心的目的是通过信息系统建立财务数据中心，积极发挥决策辅助支持的功能，为业务财务与战略财务提供积极的数据预警与数据决策支持建议。这就要求财务共享服务中心必须研究监管层面、业务层面、管理层面、财务层面对于数据的需求，研究财务共享服务中心能做什么，还缺少什么，数据从哪里来，以什么样的形式呈现？能够利用报销、资金收付环节强制实现哪些数据的获取或者采集？能够通过财务共享的链接平台，提供增值服务获得哪些数据？这些数据所组成的数据湖或者数据池，可以通过分析、模型的建立、数据的治理实现什么目标？我想这些都是建设财务共享服务中心时应该思考的。毕竟今天建立财务共享服务中心和十年前已经不同，很多技术手段已经十分成熟，可以为数据集中、数据治理提供实现的可能。例如，OCR、财务云、大数据、智能审核等。

总结来看，建立财务共享服务中心的理由是推动财务转型和辅助财务决策数据中心的形成，而不仅是加强集团管控。

第二，财务共享是实还是虚。我们到底是建立一个真实的财务共享服务中心还是一个虚拟的财务共享服务中心。如果说2012年，人们肯定不会想到虚拟财务共享服务中心的建立。但十年后，远程登录、远程数据交换、云计算部署等已经使虚拟成为可能。那么我们到底建立真实还是虚拟的财务共享服务中心呢？最早在西方建立的财务共享服务中心主要针对同质性强、重复性强、可流程化、标准化的业务或者组织。例如，麦当劳、肯德基、保险公司、加油站、连锁酒店等有规模、业务同质性又强的组织。如今，中国大型企业集团大多业务多元化，层级复杂，多法人单位，还拥有上市公司，甚至许多特殊的企业，一块牌子，两套人马，介于事业单位和企业之间，也想开展财务共享服务中心建设，怎样实现呢？现实中，受编制、地域限制，出于稳妥，大家会采取“1+N”的模式，或者仅实现费用报销的集中，其结果仍是局部集中，没有实现真正的集中管控。标准和规则从集团整体来看，仍然分而治之。针对这样的企业，我建议采用“实体+虚拟”的形式，集团本级采用实体，分子公司采用虚拟来实现大集中、大管控。但这时候的运营管理要求极高，需要处理好分散在当地共享虚拟员工的职责、角色定位和考核指标。财务共享本身是流程共享而不是单纯的人员集中，这种流程可以在云端共享和运行，更有利于未来数据的存储和业财融合。其实，从未来发展趋势来看，即使已经建立了实体的财务共享，未来随着技术的发展、定位职能的转变，虚拟化仍是一种趋势。自古就有合久必分、分久必合的规律，相信信息技术的发展与数据中心建立需求的增加会加快这一趋势。

第三，财务共享设置模式与现有的财务组织是什么关系？财务共享推动原有财务组织转型。如果是平行关系，会造成现有财务组织应该发挥的管理会计功能成为空中楼阁。因为财务组织无法指挥财务共享为其服务，财务共享也会觉得只要把自身的报销、总账生成、合规管理、集约化做好即可。可是带来的结果是财务共享服务中心彻底变为会计加工厂，人员无法向上发展、缺乏成长性、无法体现自身价值等问题开始凸显，人员流失，动力不足。留在当地的财务人员和集团的财务人员都不清楚如何更好地发挥财务共享及自身的作用，一遇到问题，又会互相推诿扯皮。这时候，我们就会发现，财务共享服务中心不是把自身设置好即可，是需要在设置形式上处理好与各级财务组织、财务公司及司库体系的关系。处理不好，就会孤立，转型就很容易失败，会进一步推动业财分离而不是业财融合。

因此，对于新建立财务共享服务中心的企业集团来说，应该从一开始就想好建立财务共享的目的、设置形式（实还是虚），从而进行彻底的组织架构调整。否则财务共享服务中心未来所要达到的目的和效果将大打折扣。

为此，我认为，如果要构建大共享、大后台，那就需要从一开始剥离财务共享，或者单独成立法人公司，并进行收费成为利润中心（即财务共享与财务组织是平行关系）。如果只是为了推动财务转型与业财融合，那么，财务共享应该设置在财务部门领导之下，以保证对财务共享的领导关系，充分利用财务共享集中管控和数据共享的优势，促进集团及分支机构管理会计工具职能的发挥，以及财务支持决策、服务业务、管控风险职能的发挥。可见，财务共享的组织设置形式也要在一开始考虑清楚，而不是为了共享而共享。

第四，财务共享服务中心的负责人是管理者而不仅是负责人。建立形成的财务共享中心少则几十人，多则几百人，甚至上千人。与链条短、层级少，甚至仅有3—4个人的财务部门不同，财务共享服务中心的管理非常复杂，如果还用原来的方法去管理财务共享中心，已然不合适。对内，需要塑造一个组织文化，将来自不同组织的亚文化，通过一个清晰的组织文化统一起来。同时，需要清晰的流程规则、绩效考核与审计制度，实现闭环管理，也应该关注培训制度及人员发展通道和知识成熟度的管理。对外，将要以服务而不是控制的文化面对业务，否则自身价值的发挥将大大受限。这时，要求管理者具有极强的沟通能力，不能以过去倔强的心态去面对沟通，毕竟最终的目的是解决问题，而不是将问题继续升级。因此，集约、敏捷、服务、赋能、智慧应该是这个组织的关键词。

总结一下，我们需要一个什么样的财务共享服务中心呢？这是一个难以准确回答的问题，千人千面。但可以肯定的是，定位不同、设置形式不同，结果将会不同。我们需要想清楚，做好短期、中期、长期的规划，逐步推出1.0、2.0、3.0等升级的版本。

看上去很美的财务共享

扫码观看视频

现如今，作为一种会计基础作业流程转型再造、升级的工具，财务共享服务中心好像成为企业集团财务转型的标配，正如火如荼地在中华大地上全面铺开，仿佛不懂财务共享就是一种“OUT”的表现。

其实，财务共享真的像当初建设时所设想得那样完美吗？这种运动式的财务共享服务中心建设真的对吗？我拟就这一问题谈谈自己的几点意见。

一、并不是所有的企业都需要建设财务共享服务中心

正如我所描述的财务转型那样，并不是所有企业都需要建设财务共享服务中心。首先，财务共享服务中心适用于大型企业。只有大才能体现规模效应，只有大才能最大限度减少人员数量、直接降低人力成本。其次，可以纳入财务共享服务中心的业务范围必须是那些具有同质性，重复性强，劳动密集型，具有统一服务标准、行为方式与业务规则以及可自动化处理的业务内容，这样才能体现效率提升和标准化程度。最后，财务共享服务中心建设适用于那些在战略上不断扩张，

甚至全球化经营的企业集团，因为兼并重组是这些企业集团的常态。此时，建设财务共享服务中心可以大大降低管理的难度，促进新业务的快速整合和资源集中。

而从目前我国企业集团建设财务共享服务中心的心态来看，大多是一场运动式的构建，甚至存在一种别人搞我也要搞的“攀比”心态。具体表现是：第一，企业仅有二三百名财务人员也要搞财务共享。第二，不分企业业务特征，甚至很多企业集团多元化经营，既有有限责任公司也有上市公司，业态更是五花八门，也要搞财务共享。第三，不分自己的企业性质是国有还是民营，难以体现财务共享服务中心建设大大降低人工成本的优势。例如，国有企业构建财务共享服务中心大多选址在集团总部所在的北上广深等城市，因无法辞退的冗余财务会计核算人员，使财务会计核算队伍更加庞大，成本不降反升。第四，仅考虑到了共享，但未注意到财务共享服务的终极目标是围绕“服务”开展的。

二、财务共享服务中心影响管理会计作用的发挥

很多企业集团的财务共享服务中心的组织设置模式被定位为原集团财务部的下属机构，财务共享服务中心人员很可能沦为弱势群体，甚至被集团定位为“会计加工厂”“简单重复性劳动的代表”，这对于财务共享服务中心的人员来说，从心理上是难以接受的，无形之中增加了沟通的难度。

本来建设财务共享服务中心的目的之一就是实现财务转型，构建业财一体化的业务型财务，发挥财务对于业务的决策支撑并提供更好的服务。结果却由于很多业务型财务人员不懂财务共享服务中心的运作模式，财务共享服务中心也忽视了自身的数据创造功能。财务组织

架构调整后，财务共享服务中心反而与业务型财务产生大量的沟通障碍，甚至在某些领域业务、职责划分、权属关系等问题上，本来应该一体化的业务型财务与核算型财务会因持不同的观点而产生矛盾，影响公司财务内部合作关系，影响财务部门工作整体运行效率，彼此之间分离的状态时有发生，进而影响管理会计作用的发挥。这可能会在某种程度上与最初的设想大相径庭，财务人员脱离了业务，沦为辅助岗位。数据还是数据，业务型财务也不能说明数据背后的意义。

三、财务共享服务中心运营现状堪忧

财务共享服务中心集中了企业全部的凭证审核、会计记账业务，并且进行了标准化的流程改造，业务量大且流水线式操作流程与内容过于简单。这些会造成基础作业人员数量过于庞大，岗位更加细化。财务共享服务中心人员难以了解运营全貌，不能站在一定高度提升财务共享服务中心的运营效率，也难以为更高层级的财务职能提供所需要的信息服务。

四、财务共享服务中心员工发展受阻，流失率极高

财务共享服务中心的作业大多是流程化的、重复性强、工作强度大的简单业务操作，与其招聘的研究生、本科生的人员素质并不匹配。加之，未来的工作相对封闭，跟其他部门接触的机会并不多，工作内容也相对枯燥，这对员工的可持续发展和学习带来了很大的挑战。如果不能让每个员工都能不断地学习到新的知识，指出和打通他们的职业发展通道，仅是日复一日、年复一年地重复现有的工作，会造成人员流失率增加。这就对财务共享服务中心团队的管理者提出更加综合的管理要求，

需要其他辅助职能进行支持配合，协调管理的难度也大大增加。

五、财务共享服务中心无法应对不均衡的业务需求，造成忙闲不均

会计核算类工作很容易造成月中与月底、年中与年底的业务量严重不均衡。管理者既不能按高峰业务量匹配编制，也无法动态调整业务与人员数量的匹配，造成忙闲不均，工作不够饱和，财务共享服务中心人员会出现新的“期间冗余”现象，从而浪费大量企业资源。

与之相反，有的财务共享服务中心由于职责定位不清，反而超负荷工作，不仅承担了财务共享服务中心应该承担的工作，还承担了管理层乃至集团管理团队的工作，造成财务共享服务中心产生人员缺乏，工作任务难以完成。

六、财务共享服务中心的工作绩效和对于组织的存在价值难以衡量

财务共享服务中心的建立是一项长期工作，对于大型企业集团来说，可能需要2至3年的建设周期。在这种情况下，很难在短时间内见到非常显著的绩效结果，与此同时，企业内部高层管理者也难以接受集中的授权管理。如果对财务共享服务中心绩效价值心存质疑，会使建设财务共享服务中心的进程与资源倾斜更加受阻。

总之，看上去美好的财务共享服务中心其实也并不是想象中的那么完美。企业集团应该认真评估自身的业务特征、信息化基础与组织发展战略，考虑清楚财务共享服务中心的战略定位，如果一开始没有考虑清楚就盲目跟进，很难达到理想中财务共享服务中心建设的愿景。

论财务共享服务中心与财务公司的切割与融合

我在机场等飞机的片刻，一位实务界的友人发微信咨询我财务共享服务中心与财务公司的区别。现实中，也确实存在这一问题，尤其是先有财务公司，再建财务共享服务中心，最后再建设企业司库的企业集团，更是弄不清楚三者之间的职责划分与关系协同。长时间的旅途，使我有时间认真思考这个问题。

首先，为什么要建设财务共享服务中心？我认为，无论是财务共享服务中心的建设还是司库体系的建设，都要站在财务转型的大视野中去观察思考，不能简单地从政策推动、工具应用的视角。财务转型是指财务人员要从空间维度上拉伸财务职能，从简单、重复性强、流程标准化程度高、低附加值劳动或者工作中解脱，去从事更具有附加值、更能体现财务价值的劳动或工作。显然，从会计的角度来看，核算就具备这一特征，出纳简单的收付、结算、头寸管理、账户管理也具有这一特征。从职能维度上，财务转型期望提升财务的价值，与战略融合，与业务融合，发挥控制与服务并重的职能。从整个集团管控的高度来看，单纯的集权与分权都不可取，存在一放就乱、一管就死的问题，显然集权与分权相互结合的战略管控模式是最好的。

于是，最早的会计集中核算、统一会计手册、资金集中管理（取得牌照就是财务公司）就起到了这一作用。但是从发挥信息创造价值、资金创造价值、有效支持业务、支撑战略的高度来看，还是存在明显的不足：一是会计核算与财务管理的融合问题、管理会计工具发挥作用的问题、财务公司层级低与被监管的问题、分散汇集的数据质量问题、业财融合问题等一系列问题一股脑儿地全都暴露出来。单纯的会计核算统一标准，或者物理集中会计核算，问题凸显。二是业财的分离继续加剧，集中会计核算无法解决实时信息（数据），数据颗粒度过粗，合并报表披露的对外信息对内部的战略支撑与服务业务不起作用。

财务共享服务中心是一个有效的工具或者转型方式。一是它基于会计核算流程再造，而不是制度再造，二是三位一体（共享财务、业务财务与战略财务）职能的划分，推动了财务与战略、业务的融合。新技术与财务共享的结合使财务共享在加强管控的基础上，大大提升了核算效率与支付效率，尤其是在复用流程、复用会计数据、推动业财融合、输送人才方面发挥了重要作用。最重要的是未来的数字化转型、平台化改造、财务数据中台建设、智能化应用等方面上，财务共享服务中心简直就是一个盲盒，无论你的思路是怎样的，财务共享服务中心都能提供一个很好的落地基础。这主要是因为财务共享的革命为财务整体的转型搭建了重要的组织基础、流程基础、技术基础与数据基础。甚至，即使一个企业集团没有建设结算中心或者财务公司，财务共享服务中心也可以在账户集中管理、资金集中收付、应收应付款管理、头寸管理等方面发挥作用，完全没有必要再去筹建财务公司或者建设结算中心。

问题随之而来，企业建设的财务共享服务中心是什么？效率如何？数字化程度如何？目前已经建设了财务共享服务中心，如何协调资金管理功能？企业司库建设是否助推了这一矛盾？这是围绕当前企业集团财务管理转型或者建设优化的几个突出问题。

总而言之，财务共享服务中心建设的目的不是会计集中核算，而是推动集权与分权的集团管控体系建设，推动业财融合，推动管理会计工具在业务财务与战略财务层面更有效地发挥作用，成为财务转型的起点和助推器。在数字化转型背景下，财务共享服务中心会通过数字化平台再造推动财务数据治理与数据共享服务的建设，有利于打造财务数据中台，发挥数据支撑战略、支持决策、服务业务的职能。

其次，我们来说财务公司。财务公司在西方国家叫做内部银行，而我国监管环境特殊，企业集团相互拆借资金必须得到监管，但政府的监管过严，就不利于财务公司的发展，不利于其创新更多的金融产品，不利于发挥管资产向管资本的转型，不利于产融结合，更不可能参与市场竞争。于是就产生了新的资本运营公司、资本公司或者海外资金中心等分化出来的资金管理职能部门。

当然，财务公司作为二级子公司，独立法人还是充分发挥了内部借贷、票据管理、账户集中管理、头寸管理等职能，况且随着金融牌照的收紧，财务公司的成立难上加难。现实中，任何一个组织的建立，都希望自己的边界不受侵害，如果有利益，又希望扩大边界，以体现自身组织更多的价值，否则就有绩效考核、存在价值、资源倾斜力度的争议。财务公司在建立的初期没有这种威胁感，甚至以发挥金融职能为荣，毕竟待遇好于一般的子公司，操作难度也没有那么高。财务共享服务中心建设完成后，尽管在资金收付上有交叉，但出于部门保护与职责划分，财务共享服务中心与财务公司的交集都会不了了之。此时许多集团建设的财务共享服务中心也确实存在效率差，流程梳理和理解不到位，大集中不彻底（尤其是“1+N”建设模式是权宜之计，造成改革转型不彻底）等弊端，导致财务共享服务中心自身问题十分突出，更不要提部门整合、协同了。

随着世界一流企业财务管理体系建设与企业司库建设的推进，“大财务”理念深入人心，司库职能更加丰富，使财务公司自身问题、与财务共享服务中心协同问题变得越来越突出。财务公司也期望通过司库建设发挥更多职能，拓展边界，提升价值创造能力，加强集团资金管控与风险管控。但从地位、自身人员素质、低附加值劳动解脱等方面看，财务公司害怕这种转型使自身生存空间不仅没有扩大，反而缩小了。

财务共享服务中心与财务公司相互融合，不仅有利于财务公司抛弃掉传统资金收付、结算、账户等简单的操作型业务，从事更多金融产品的融资管理、资金预测、计划管理与风险管理，统筹海外资金管理、利率汇率管理，加强银行关系管理，并打通上升通道；还有利于在集团层面成立司库中心，统筹资金、资本运营、金融、海外资金四大业务范围，并实现可看见，可管理，用得好，这也是司库建设的本义。显然，这一点，并没有在全社会、集团层面领导者、财务公司、财务共享各个层面达成共识，因此导致大家都守着各自的业务范围不放，僵局就这样形成了。

事实上，财务共享服务中心与司库本身有着紧密的联系。财务共享服务中心承担了资金流动性操作与核算操作的所有流程性强、规则性强、重复性强、信息技术应用范围广的工作。如果这一职能履行得好，有利于管理会计和财务实现金融的转型。会计作为信息系统还可以为司库金融职能的发挥提供更多有价值的业财融合数据分析、风险预警、资金计划执行情况报告，甚至是预警服务。财务公司应转向更多的管理职能与价值增值，而不是陷入简单重复性的操作职能。

显然，财务公司的转型举步维艰：向前迈一步，怕丢掉自己的阵地；守着传统不放，司库又是难得的机遇，这才是当前矛盾问题的本质。

总结来看，我认为，集团领导层面应认识到问题的本质到底在哪里，并且自上而下给予大力支持。从监管层面来看，不要总是从政策执行推动角度去考核部门，更应该从领导层面加强正确的理念导入与经验交流。从建设结果来看，凡是建设得好、融合得好的单位，都离不开一把手领导的明察秋毫与大力支持。财务公司也应该学会积极沟通，步子迈得大一点，积极利用司库建设加强自身流程再造与信息化。积极与财务共享服务中心协调，做好职责的切割与划分，管理交给财务公司，具体动作可以交给财务共享服务中心。财务共享服务中心也应积极提高自身效率，尤其是支付效率、结算效率，加强审核与监督预警，并积极将业财融合的数据信息反馈至财务公司，服务于财务公司转型与价值创造、决策支持、风险管理等职能。财务共享中心也必须充分认识到，离开资金流的信息价值会大打折扣，资金支付环节是推动业财数据与信息融合的核心环节，它有利于解决信息的滞后，实现数据信息的实时更新、事前预警。总之，财务共享与财务公司在“大财务”体系下，应该是你中有我、我中有你的关系，离开任何一方，都会有失偏颇，融合是未来必经之路。

现阶段财务共享服务应该关注的四个特征

扫码观看视频

共享服务作为整合组织资源、提供集约服务的一种先进管理模式，被我国企业接受并实践已有约20年的时间。我国企业在共享服务领域的探索多始于财务，从萌芽、蓬勃发展到积极创新，财务共享服务已成为这一领域最为广泛、成熟和最具代表性的实践之一。现阶段，我国企业实施财务共享服务有如下四大特征。

一、管理诉求从强化管控为主逐渐走向多元化

我国企业实施财务共享服务初期以“加强集团管控”为主要动因。伴随着宏观经济的高速增长，部分企业在短期内业务规模迅速扩张、分支机构急剧增加，而管理体系却有所滞后——粗放式的管理体制难以应对市场的急剧变化，不同区域分子公司在生产经营和财务管理制度执行上不统一、不规范，“大企业病”日渐暴露。因此，区别于国外大型跨国企业集团在国际贸易中逐渐形成的“降本增效”动因，我国许多传统行业的国有企业面临着强化集团管控的管理诉求。

以综合型金融控股集团为例，除快速扩张和业务创新导致集团管

控难度加大以外，金融监管日趋严格的宏观环境对企业合规与风险管理的要求也持续升级，“十四五”规划中也明确提出要加强对系统重要性金融机构和金融控股公司的监管，大力推行金融安全战略。对此，设立财务共享服务中心可从财务专业角度审视企业的经济业务，协助业务部门规范经济行为、规避经营风险。比如四大国有资产管理公司之一的东方资产，为打造合规管控体系、强化对分支机构的标准化管理，于2015年建立财务共享服务中心，实现了从线下到线上、从分散到集中的财务管理，全面覆盖了全业务范围、全流程环节，财务管控收效明显。

随着财务共享服务中心运营逐渐成熟，当前我国企业实施财务共享服务中心的管理诉求也从强化管控为主逐渐走向多元化。2023年，ACCA和中兴新云发布的《2022年中国共享服务领域调研报告》指出，随着财务共享服务中心在我国企业中已得到了广泛应用，越来越多的企业结合管理特点和业务需要探索适应自身的建设模式，智慧共享、卓越运营是这一阶段共享服务中心的主要课题。调研显示，现阶段我国企业对财务共享服务中心的战略定位不再局限于交易处理中心，其功能定位逐渐转向数据管理中心、智能应用中心、人才培养中心等。除此之外，还包括会计政策研究中心、管理决策服务中心、风控中心、流程管理中心、新技术孵化中心、项目财务管控中心等多种定位，呈现出多元化的趋势。

特别是在数字化时代，向企业数据中心的转变将成为服务财务共享服务中心变革发展的一项核心任务。在已制定长期发展规划的受调研企业中，83.58%的企业将探索数字技术应用、强化数据赋能作为财务服务共享服务中心的核心战略规划方向之一。可见，推动财务服务共享服务中心向企业数据中心升级已成为共享服务战略定位演进的一大重要趋势。

二、业务范围逐渐从单一的财务扩展到多个领域

财务共享服务实践通常从最容易推广的费用报销出发，然而受制于管理者认知局限、组织变革困难、投入成本高昂、系统建设脱节等多种因素的共振影响，一些企业的财务共享却也止步于此，难以继续拓展。然而，要成为世界一流的共享服务中心必须具备全面的服务能力，能够提供多职能、多流程的服务，同时不仅着眼于单一流程管理，更重要的是关注流程之间的合作，形成更大的协同效应。

克服了上述困难的企业，共享服务实践才有更为丰富的内涵。借助共享服务的平台，财务共享已逐步扩展至业务共享、人力资源共享、IT共享、供应链管理共享等多个领域，共享服务中心被赋予更多职能。SSON发布的2019年全球共享服务市场状况报告指出，在全球范围内，超过30%的企业已将HR、IT、采购等职能纳入共享服务范围。近年来随着财务共享服务模式在我国逐渐走向成熟，我国许多企业也开始逐步突破部门壁垒，探索共享服务向其他价值链辅助活动拓展，推动财务共享服务中心向多职能大共享平台转化。

例如，2009年，宝钢集团成立人力资源共享中心，与人力资源部平行，将内部直接面向员工的、易标准化、集中化的人力服务纳入共享中心进行统一管理；2014年，中华保险成立共享服务中心，在财务核算流程标准化处理、集中化管控的基础上，实施系统预算控制、核算与资金监控预警机制，并建立承担系统运维和自主开发工作的数据团队，实现财务、资金、IT三大板块的连接互动；2017年，中国石化在央企中率先成立专业的共享服务公司，可为内部提供财务咨询、人力及IT一体化的共享服务，以高质量、高效率、低成本的市场化管理

服务于集团公司运营。但整体而言，HR、采购、IT及供应链等职能已较多地被纳入共享服务中心，但法务、研发和商务职能目前实现共享的比例相对较低。

三、倾向于根据规模选择单中心或多中心组织模式

从战略结构与组织模式看，我国企业所搭建和使用的共享服务中心以单中心共享模式居多、多中心模式较少，且根据企业文化、业务特点、信息化人才引进等因素的不同，共享服务中心搭建和运行模式"因企制宜"、各具特色。其中，企业规模对运行模式的选择影响最大。调研显示，员工总数达到5万人成为多数企业选择共享服务中心模式的分水岭，5万人以上则偏向于采用多中心模式，部分跨国企业甚至在全球多个国家和地区搭建起全球共享服务中心架构。

单中心模式下，企业着重构建"1+1+1+N"的发展格局，即一个公司集中在一个区域建立单一的共享服务中心，搭建多个共享服务系统以服务于集团经营。此模式可最大限度地实现系统建设、数据标准、审核规范的统一，有助于发挥规模经济效益。从选址看，这些企业的共享服务中心总部多分布于北京、上海、广州、深圳等一线城市，西安、武汉、成都等新一线城市比例逐渐提升。例如，东方资产将共享服务中心作为北京总部的一级部门，服务范围除传统财务领域的主营业务、费用、资产、资金、支付等全部内容之外，还包括对前端业务数据的集中管理、对承担底层支撑强化的系统管理以及对负责顶层设计规范的数据治理，打造"数据生产——数据质量控制——数据应用"的数据治理闭环；TCL公司将共享服务中心设在深圳，共享服务系统囊括了会计管理、合并报表、上市公司信息披露、总账报表、应收应付、费用、资金、固定资产、运维等全部财务模块，辐射整个集团；

中交二公局共享服务中心选址西安，整合了内部9大业务类型、16个主流程和148个子流程，并统一了所有业务系统主数据标准。

多中心模式下，企业可根据内部职能或市场对象等因素设置多个共享服务中心，如专长中心、区域多中心、下级单位多中心、业务板块多中心等，开展或独立或协同的运作，实现更精细化管理。例如，中车株洲、中国铁建等公司除总部设立一个共享服务中心外，下级子公司根据自身业务不同采取多共享中心的模式；碧桂园、中石油、雅居乐等则采用了多个区域多个共享服务中心的模式；中石油在武汉、西安、北京等地均设有智能共享服务中心，囊括了财务、人力、IT、会计核算、资金结算、财务报表、费用报销及差旅管理、发票管理、纳税申报、财务信息化建设、财务数据管理等多种业财功能。

四、更加重视建立共享服务中心的运营管理机制

经过了近20年的发展，我国的财务共享服务已经有了一整套完整的理论体系，基本实现了财务共享模式在运营方式上的低成本、高效率目标。现阶段，运营能力、数字化转型以及在此基础上的能力提升成为重中之重。世界一流共享服务中心需建立卓越运营体系，以客户为中心，以创造价值为最终目的，同时，对目标、过程管理和绩效结果有量化的评价体系，并有专职的管理团队与完备的管理机制，能够持续改进与创新，提升客户价值。

2023年，ACCA和中兴新云发布的《2022年中国共享服务领域调研报告》显示，当下大多数共享服务中心已建立了专职的运营管理团队，但是仍有一部分共享服务中心缺乏专职团队组织运营工作。多数共享服务中心的运营管理机制建设尚处于探索阶段。专职的运营管理团队是卓越运营体系的组织保障。运营管理团队需要根据共享服务中

心的战略目标，制订相应的行动计划和方案，对每项业务及相关的组织和人员设计评价标准，提供改进方向。同时，跟踪运营情况，定位问题并提供相应的解决方案。

总之，当前我国实施财务共享服务中心的企业愈发认识到，一套有效的运营管理机制是卓越运营体系的管理保障。构建健全的运营管理机制需要梳理共享服务中心不同阶段所关注的重要管理维度，建立绩效评价体系，定期监控运营状况和效果，强化问题导向，落实解决方案，最终形成运营管理提升的良性循环。

行政事业单位推行财务共享服务模式可行吗？

扫码观看视频

一、缘起

早些年，我一直研究企业集团的财务共享服务问题，时至今日已经不是什么新鲜话题。但是对于行政事业单位来说还是一件新鲜事，也是一个容易引发争议的话题。

2017年，财政部正式颁布了《政府会计制度——行政事业单位会计科目和报表》，自2019年1月1日起全面施行。可以说，至此，政府会计准则与新政府会计制度共同构建了政府预算会计和财务会计适度分离并相互衔接的政府会计核算体系。然而，改革并未到此结束，未来的政府会计改革必然会涉及现有信息系统的更替以及内在财务管理流程的再造，行政事业单位也将因此通过提升内在的管理水平，与内部控制建设及其信息化实施相互呼应，通过管理创新，实现促进行政体制改革，最终促进政府公共管理绩效目标的实现。

如果政府会计改革的问题仅依靠更换会计核算信息系统就能解决，

这个问题倒是简单了。事实上，行政事业单位尽管更换了会计核算的信息系统，依然解决不了行政事业单位存在的管理条块分割、信息孤岛现象、会计信息容易造假、会计人员整体缺编导致的素质不高、内部控制管理水平低下、风险丛生等突出问题。此外，因更换信息系统所带来的巨大社会成本和浪费更是可想而知。

如果借政府会计改革之机，在适合的行政事业单位推行财务共享服务中心模式，倒是一个难得的机遇，由此所带来的意义和影响十分深远。

二、推行财务共享服务模式的意义

1.避免政府会计信息系统建设的重复投入以节约成本

财务共享服务中心通过集中模式与流程再造，将原本分散的、重复性强、标准化程度高、低附加值的会计核算业务转移到财务共享服务中心，以达到提升简单业务的处理效率、避免重复投入政府会计信息系统的建设成本、压缩低素质的财务人员数量，不断降低成本的目的。尤其对于行政事业组织中具有重复性的业务单位更是如此，如医院、高校、科研事业单位等等。

2.推动财务转型提升，服务水平

报销、核算等低附加值的劳动如果不能解脱，财务人员就不可能有精力和时间去从事决策支持、预算与绩效管理、资金管理、税务管理、内部控制与风险管理等高附加值的活动。财务共享服务中心恰恰解决了这一问题，通过集中的信息系统与流程再造，降低了人工成本，提高了核算效率，实现了数据共享，打破了信息孤岛。更为重要的是未来财务共享服务中心还可以进一步通过商旅服务、集中采购平台等服务能力的加强，确保财务信息与业务信息统一，实现人事、科研、资产、后勤等财务信息实时交互与共享，提高财务信息的有用性，为单位管理决策提供支持服务，增强业务服务能力。

3.推动内部控制建设的成效，增强集中管控能力

政府会计和内部控制统一于政府治理，两者都是提升国家治理能力现代化的重要工具。政府会计有利于提升会计信息的质量，内部控制则保障了会计信息质量与管控能力的持续改善，因此两者之间有着必然的联系。

2012年以来，各级行政事业单位已经开展了内部控制建设工作，每年年底还需上报内部控制评价结果，但实际实施效果并不理想。究其原因还是政府会计改革未完全到位。行政事业单位内部控制建设的核心是会计控制建设，其建设的重点是预算控制与收支控制。这两部分内容解决了，其他四项具体业务的内部控制问题才会迎刃而解。财务共享服务中心的建设则通过资金与核算的集中管控形式，集中了报销、核算，进而加强了收支管控，这一切又都是在预算的控制之下。有利于财务部门、财政部门全面掌握本级财政资金的实际使用情况、预算执行情况，缓解国库集中收付制度在执行过程中所呈现出来的不足。

未来的财务共享服务与智能化的实施则进一步打通业务与财务数据，通过实现会计系统与业务管理系统的有机结合，通过后勤（包括集中报销、商旅服务、“互联网+”采购平台、税务共享、IT共享、人事共享等）服务水平提升的形式推动会计控制逐步延伸至全面内部控制的实现，进而有利于行政事业单位整体管控能力的增强，有利于构建不能腐的防范机制。

三、推行财务共享服务的可行性

1. 下属单位众多，同质性强，奠定了共享的组织基础

推行财务共享服务的主体必须是一定规模以上的行政事业单位，规模越大的组织越会选择建立财务共享服务中心，这样才能够通过集中更有效地发挥财务共享模式的规模经济效应。所谓“规模以上”是指分支机构多、空间分布分散的行政事业单位。在我国，行政事业单位往往纵向多层级分布，分支机构众多，同质性较强。例如，中央设立国家税务总局，各省市设立省级、市级国家税务局；某教育厅下属的高校、中小学校；某卫生健康委下属的众多公立医院；某科研机构下属的全国科研院所等，为建立行政事业单位财务共享服务奠定了重要的组织基础。如果将这些单位同质性的业务职能与会计核算集中起来，通过流程再造与信息化结合，便可以高质量、低成本地提供标准化会计核算服务，产生规模财务管理效益与经济效益，显著提高核算的效率，减少各单位因大量报销而产生的工作量，节约人工成本，形成良性发展。

2. 会计集中核算搭建了会计集中与统一的基础

行政事业单位会计集中核算严格来说是一种会计委派制，指的是由财政部门成立会计核算中心，在保障行政事业单位资金的使用权、自主权及所有权不变的基础上，取消统管单位的会计核算人员、出纳人员岗位，由财政部门委派会计人员，集中对行政事业单位的会计核算业务、会计监督管理及会计服务等加以处理，并由核算中心管理银行账户，清理银行账户，所有的收支业务归集到核算中心结算、核算的一种会计核算模式。

行政事业单位会计集中核算模式产生的目的不仅是会计核算业务的集中，更主要的是将各行政事业单位银行账户、资金收支纳入统一管理，并以此来规范和监督各单位财政资金的使用，减少贪污腐败现象的发生。

会计集中核算尽管有其优点，一段时期发挥了重要作用，但在实际执行过程中，也产生了很多突出的问题。第一，容易造成会计集中核算机构与单位会计责任界限不清，在会计主体责任界定上出现单位和核算机构相互推诿和扯皮的现象。第二，会计集中核算没有推进会计与业务的融合，反而造成会计远离了业务，弱化了对业务的监督功能，更无法发挥预算对事前和事中的监督。第三，一位会计同时处理几个单位的会计核算会因不了解业务情况造成会计信息不准确和不真实。因此，会计集中核算在行政事业单位并没有得到推广应用。

尽管如此，会计集中核算与财务共享服务中心的理念在会计基础作业的处理上是一致的，它将分散的、重复的基本业务抽离出来，集中到一个新的财务平台，按照统一的标准、统一的流程进行处理。可以说原来的会计集中核算给财务共享服务搭建了集中与统一的基础，财务共享服务则在此基础上进行功能划分和系统升级改造。

当然，财务共享服务中心与会计集中核算有所不同，财务共享服务中心不是简单地归集和组合现有的财务流程，而是在现有财务流程的基础上对其再造设计，逐步形成共享财务、业务财务、战略财务的功能划分。因此，财务共享服务中心的建设还会涉及各项业务流程的再造，但会计集中核算仅是将各分支机构的部分财务核算人员集中办公，在一个平台上集中处理各单位的会计核算业务，缺乏有效的业务流程再造，尤其是打通业务流程的再造。

3.国库集中支付制度建立了资金账户集中管理的基础

传统财政资金管理模式下，财政资金分散存放于不同的财政账户，财政资金多头管理、多户存放，这种多头管理、多户存放的管理模式弊端很多，主要是极易造成财政专户资金长年结存数额巨大、国库资金却不足等突出问题。国库集中支付管理下，规范了财政资金拨付渠道，取消各类财政专户资金，所有资金统一存放国库和统一从国库支付，避免了财政资金大量沉淀在国库之外，有利于国库统一调度使用资金，极大地提高了财政资金运行效率。

行政事业单位构建财务共享服务中心可以借助已经建立的国库集中支付制度规范行政事业单位的账户管理体系，减少银行账户，压缩支付层级，统一结算，提高效率。加之，集中所带来的实时比对，有利于往来的动态监控和预警，提高预算资金的风险防控。资金账户的集中管理，有利于强化大额资金的预算管理与审批管理，降低预算执行偏差率，提高预算执行的准确性，减少无效资金沉淀带来的财务成本和国库资金余额的不足问题。

四、我国推行财务共享服务的障碍性因素

1.管理层观念落后，变革的主动意识不强

财务转型始于共享服务，行政事业单位推行财务共享服务的本质是通过会计核算的集中与财务信息化水平的提升逐步带动整个业务管理效率和管控能力的增强。即便如此，行政事业单位管理层对于财务转型与变革仍缺乏主动意识。

在我国，虽然行政事业单位的管理层普遍不重视财务，但是，真正将会计核算集中到财务共享服务中心，却是大多数管理层不乐意看到的，因为这意味着自由财务权力的丢失。此外，变革意味着代价，

创新意味着可能失败。建立财务共享服务中心对于行政事业单位来说还是一件新鲜事，主管部门的管理层对于新事物往往具有抵触心理，害怕变革影响自身组织的稳定性和自身职务的升迁。对于下一层级的管理层来说，财务共享势必会冲击单位现有管理的操作流程、财务制度甚至组织架构等，这就免不了触及现有的内部利益格局，堵住一些“灰色地带”，从而使“一把手”产生抗拒心理。因此，行政事业单位未来建立财务共享服务中心最大的阻力来自各级管理层。

2.财务人员素质不高，体制缺陷带来转型困境

财务共享的理念是集中的更集中，分散的更分散。财务共享不是简单地将会计核算集中化处理，更重要的是在各个分子单位设置业务型财务，从事有利于管理层决策的业务，从而推动财务人员转型。

长期以来，行政事业单位对高素质财务人员的需求不足，导致财务资源的投入也明显不足，使当前行政事业单位财务人员的素质普遍不高。建立财务共享服务中心一大特点是可以有效减少基础会计核算的财务人员数量，从而节约人工成本，但行政事业单位由于体制、事业单位性质等原因，无法辞退冗余的会计核算人员，很容易使会计核算队伍变得更加庞大，成本不降反升。加之，固定编制的限制性因素，使财务共享服务中心不可能为此而增加人数，这也会大大影响财务共享服务中心的实施效果。

3.会计信息化基础薄弱，业务条块分割明显

大多数行政事业单位目前的会计信息化仅是一个孤立的会计核算系统，并没有打通相关业务信息系统，这与行政事业单位条块分割的管理体制是直接相关的。这种体制性的障碍因素会导致各行政事业单位之间、各分支机构之间、各信息系统之间不能有效实现资源共享和互联互通，这些与财务共享的理念是背道而驰的。

4.会计核算系统更新成本较高，带来畏难情绪

大多数行政事业单位财务的信息化程度较低，要达到建立财务共享服务中心所要求的信息化程度需要很大的资金投入，并且财务共享服务中心的建立是一项长期工作，可能会持续2至3年，同时在这个阶段会计人员需要学习、更新相关的知识。因此，会计核算系统更新成本较高，会给人们带来畏难的情绪，阻碍财务共享服务中心的建立。

众包——财务共享服务未来的创新发展

一、何谓众包?

众包是指企业通过互联网平台，把本应由企业内部员工和外部合作伙伴完成的任务，分包给网络大众群体去完成。众包作为一种新的生产经营模式，不仅是一个流行词，更是一种可以聚集人才、利用外部智慧，又降低成本和时间的新模式。众包模式中，对于承担企业内部某些工作的网络大众是没有清晰界定的，他们并不见得是该行业或领域的专业人员，基本上都是利用闲暇时间从事互联网众包活动。在参与众包过程中，网络大众是主动的，他们可以决定是否参与、怎么参与，已经不再是过去被动接受产品和服务的消费者。

如果说劳动分工理论把一个复杂的业务变成了流程化分环节作业的模式，那么，众包就进一步将工作进行了任务细化，甚至达到了颗粒的细度。传统模式下，一项由单人完成的工作可能需要由几个动作组合起来才能完成，但在众包模式下，会追求极致的动作分解，甚至将各种流程中的任何一个动作都进行最为细致的任务颗粒分解。

二、并不完美的传统财务共享组织模式

建立一个什么标准样式的财务共享服务中心，对每一个集团至关重要。从已经开展的财务共享服务的经验分析来看，我国财务共享服务中心主要采用基本模式和市场模式。

基本模式通过合并和整合日常的事务处理工作、交易活动和行政管理工作，实现规模经济并消除冗余，最终达到降低成本和流程规范化、标准化的目标。这种模式与企业集团中后线职能的集中处理工作模式比较相似，往往不将职能内部的基础运营与决策权相割裂。

市场模式是在基本模式的基础上，进一步分离企业职能内部的基本运作与决策权，将控制职能与服务职能相互分离，通过服务收费抵偿成本，终极目的是降低成本，提高服务质量。在这种模式下，共享服务的顾客（集团内部的其他组织）不再是被动的服务接受者，它可以根据自己的意愿做出决定，即服务不再是托管式的，决策权由接受服务的客户掌握。这时共享服务组织为了证明自身服务的专业化，需要不断提升自身服务质量，优化流程，加强沟通，根据确定的服务流程与标准提供服务。除此之外，还需要提供专业顾问，提供帮助决策的增值服务，不断提高服务质量和降低成本以达成客户的关键绩效指标。市场模式使得咨询服务内容更加专业，使控制权与服务权出现分离。

从已经运行的基本模式来看，低峰期时，财务共享中心的人力资源存在极大的浪费，但由于雇佣合同的限制，又不能根据业务量的变化随意减少或者增加员工。如果按照平均水平进行人力配置，会导致

月底峰值压力难以应对，如果按照峰值配置人力资源，又会造成平时工作量不饱和。财务共享服务中心采用众包模式后，可以在峰值的时候加大对众包人群的任务投放，维持自身运营团队相对平均或紧凑的人力资源数量。

众包最终会以互联网为媒介，只要众包商拥有一台电脑或手机，就可以不受时间、空间的限制，一年365天、一天24小时随时随地为财务共享服务中心提供核算服务。并且，所有环节都在网上进行，企业不需要为这些众包商提供固定的办公场所和工资，这又节省了一大笔费用。财务共享服务中心的很多基础的会计核算工作可以由互联网上的广大用户去完成，然后依据完成的工作量给予相应的报酬，多劳多得、少劳少得，这样有助于财务共享服务中心在业务低峰期大大节省人力成本。

更为重要的是，众包模式有利于进一步将财务共享服务中心内部的高素质员工解放出来，让他们能够参与更有价值的管理决策工作，摆脱“会计加工厂”的简单重复性劳动，将更多的精力和时间放在利用财务共享服务的数据优势，进行预算编制、执行、监控和数据整合分析上。

三、财务共享服务应用众包的工作原理

众包模式的基本工作原理是将工作流程进行充分的标准化和拆解，将其中一些对专业技能要求不高的环节通过互联网平台分发出去，平台对接客户端广泛的人群，通过抢单的方式进行作业，作业完成且达到预期质量要求的单据，按预设定价进行结算。通过众包模式，简单基础的流程环节利用社会人群的碎片化时间进行处理，即使使用同样的成本，在人员管理上和轻资产化方面带来的收益也能够给企业带来

价值。

对财务共享服务中心来说，众包模式的出现是对现有共享组织模式的补充，它能够一定程度上降低财务共享服务中心的运营成本。但由于众包模式是新兴的创新模式，从方法到技术平台各方面均存在挑战，要成功实现众包模式的落地，需要前期严谨的思考和设计，在设计众包模式前，需要遵循众包本身自有的逻辑运行框架，形成众包模式的闭环管理设计（见图2-1）。

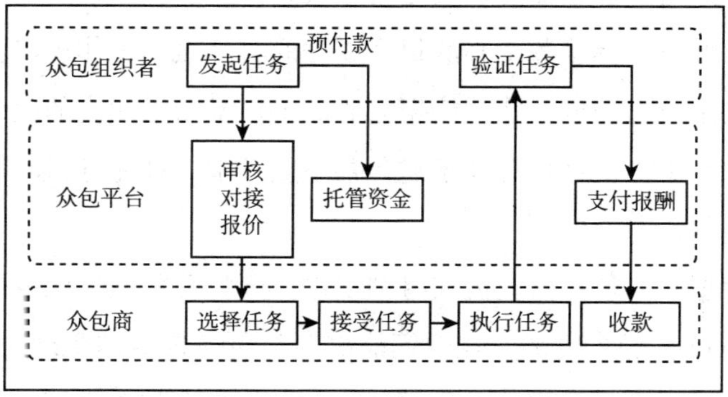

图2-1　众包模式的闭环管理设计

如图2-1所示，众包是由众包组织者连续发起任务，然后众包商在众包市场里选择任务，众包商接受任务并完成任务后，由众包组织者验证任务完成情况，验证通过后众包组织者支付报酬给众包商，众包商获得报酬，支付相关成本并有所盈利，盈利驱动众包商开始选择下一个任务，继续开始新的任务流程，这就是一个微任务的运行过程。

从上述众包的闭环运行框架中可以看出，闭环流程的主体是众包组织者和众包商，闭环流程的载体是众包平台，形成闭环的行为是发起、选择、接受、完成、验证、支付和盈利。

四、众包商的确立是未来运营的核心

对于财务共享众包而言，众包商的角色定位更复杂、更敏感。在这个闭环运行框架中，大多数众包商首先面临的就是信任问题。众包组织者一旦愿意将自己的财务信息公之于众，即使对其做了相关处理，但仍然会有如下顾忌："众包商会不会把这些发票在朋友圈展示？""众包商能不能知道这笔账务如何处理？""众包商会不会成为竞争对手的间谍？"其实这种担心没有必要，对于一个混迹于众包圈的众包商来说，想法远远没有这么复杂，他们只关心能不能获得报酬以及报酬有多少，况且他们并不知道在给谁做事。

对于财务共享众包能不能吸引众包商，最主要的还是看专业需求有多高。换句话说，众包组织者能将微任务完成得多好。一个完美的微任务，应该是人人都可以参与并能够尝试解决的。众包组织者直接把一堆财务数据扔进众包市场，然后让众包商做出报表，那可以肯定没有多少人能完成任务。若是仅让众包商判断一张发票、一页纳税证明是否正确，显而易见会容易许多。至于有多少众包商愿意处理财务共享服务中心发布的众包业务，我们可以将潜在的众包商进行排序。

一是会计从业人员。全国现有2000万以上持有会计从业资格证书的人员，这些人每天、每月都存在可以自由支配的自主时间，在8小时之外他们可以利用碎片化的时间增加个人收入。

二是在校大学生。2016年，我国拥有4000万以上在校大学生，单从学历角度出发，他们完全能胜任简单的票据辨认与记录工作。仅以50%的在校大学生愿意为自己每天赚取餐费来进行计算，我国也会拥有2000万潜在的众包商群体。此外，在校大学生进行平台注册，一方面可以获得收入，另一方面可以辅助实践学习，增加学习体验。

三是白领阶层。在这里，暂且将已经走上工作岗位的大学毕业生定位为白领阶层，潜在的数量为1.5亿至2亿人次。其中，大多数人每天过着两点一线的简单生活。上下班途中、周末的碎片化时间，就可以实现众包微任务，并为自己的生活增加额外收入，保守估计1亿人将会成为潜在的财务共享众包商。

以上三类人群相加估计潜在的众包商约1.3亿人，如果报酬预期值是每人每月1000元，即使将微任务定价到1元1个，这1.3亿人每个月可以处理千亿级的财务共享众包任务，那么，财务共享的众包平台可以为数百万个大型企业解决基础核算问题。当然，众包商报酬定价是一个复杂的评估体系，但可以肯定的是，大多数人不会抗拒1分钟有1元入账的快乐。当然，这是基于众包组织者能做好财务共享众包微任务的前提下实现的，但只要能设计好微任务，就可以看见可以预见的众包商大量涌入，并进行注册。

五、确定纳入众包的业务范围

并不是所有的会计核算业务都能纳入众包范畴。是否能够纳入众包，需要考虑几个原则性的规定。

1.业务是否具有标准化并能被颗粒化拆分。复杂的业务没有办法让技能单一的社会参与者进行处理，必须要进行颗粒化的拆分，而能够拆分的前提就是可以标准化。

2.纳入众包范围的任务不能存在信息的安全隐患。由于众包的对象和信息的流转渠道是完全不受控制的，在这样的情况下发包信息必须符合信息安全的强要求，否则会产生风险。

3.众包任务对于时效的要求具有适度的容忍性。如果会计核算对于时效性要求极高，则要谨慎选择众包。因为在众包的过程中需要经历派工、等待、双人核验等过程，如果等待超时，还要二次分派。尽管我们可以对时效进行一定的管控，但如果对时效要求极高则不适合众包。

到底什么样的业务适合众包？在财务的流程处理中有哪些可以考虑纳入众包的范围呢？首先，众包的主体难以承担所谓单据审核的任务，主要是该类任务的复杂性较高，需要有一定的财务技能，那么需要把这项任务进一步分解。如果从人的动作角度来看，一个审核过程可以分解为信息的读取、与既定规则的比较。与既定规则的比较属于技术含量较高的部分，如果有可以比对的数据源，如电子报销单中的数据信息，可以实现系统的比对，或者是增值税发票的认证处理等，可以依托系统平台完成，如果系统处理不了的再辅助以人工处理。而信息的读取从可操作性上来说，可以考虑作为众包的核心内容，它能够满足上文所提到的标准化和颗粒化的要求。

那么，需要录入的内容就包括了各类纸质原始凭证的信息。这个时候要进一步思考，这些原始凭证是否足够标准化，可以进行简单批量的作业处理。有一些原始凭证如出差报告、合同等都不适合采用众包的模式，而发票等信息则是可以考虑的，一些企业自制的标准单证也符合这样的要求。同时，要考虑安全性，需要对这些原始凭证进行安全性的筛选，通过对涉及科目、金额等筛选的方式过滤掉敏感任务，同时，在这一过程中应当和企业的内控合规部门进行充分沟通，就可以对众包的内容达成共识，规避后续合规风险。

通过这种方式筛选出来的应该是标准发票、企业结构化单证。涉及科目和金额在风险控制范围内的可以采用众包模式来进行业务处理。

当然，随着众包用户群的积累，可以对众包人员进行基于技能的分类分级，甚至建立信用体系，这样后续就可以对更加复杂的业务，如费用类型审核业务进行众包，以深化众包的应用场景。

六、实现服务产品化

会计核算事项要做成微任务放入众包平台需要进行一系列的改装设计，设计的好坏直接决定众包闭环是否能流畅运作。

尽可能保证财务信息质量和安全的前提下，设计核心理念是如何降低财务专业门槛，让大多数非财务专业的群体也能加入。设计的难点是如何将财务信息转变为简单易懂的微任务。由此可以看出，核心理念的体现和设计难度的增加成正比例关系。

万事开头难，对于会计核算众包的设计同样适用，为此，我们需要寻找一个切入点进行设计研发，然后由点及面。寻找这个切入点之前，我们需要充分了解什么是服务产品化。

服务产品化是通过改变服务的方式，将服务内容分解，实现标准化。按照传统产品市场的原则，把服务的生产过程转变为产品制造，制造完成后交付给客户。例如，汽修服务中的补漆，生产过程包括打磨——查平——刮腻——烘干——精磨——刮腻——喷漆——烘干，经历完所有环节，补漆服务才算完成，但这些操作是服务本身，并不是产品。在实际服务提供环境中，必须将其产品化后才能进入市场。通常来说，首先，汽修厂会将补漆的每一步拆分，拆分后形成行为的规范操作标准。其次，基于规范操作标准，核定占用的人力和物资成本，搭建每一步之间的连接。最后，将标准化程度高、可随时拆分合并、能量化定价的整套服务产品，提供给市场销售。

因大多数时候会计核算并不能给企业带来直接收益，所以属于后援服务类工作，适合会计核算众包。将核算服务产品化，形成微任务放入众包平台，让众包商进行相关处理工作。

前面，我们谈到形成核算微任务的难点是如何将相互关联的财务信息有效转变为独立个体，形成这个难点的原因是每一次核算工作所包含的环节在原有会计理论中几乎是不可分割的。

我们以房屋租金的费用核算为例展示环节的关联性。

1.发票审核，对房屋出租方提供的发票进行合规审核。

2.合同审核，对双方签订的租房合同相关信息进行审核，比对合同金额与发票金额是否一致、合同起止时间是否包含费用发生期间、合同对方签章是否与发票盖章方一致。

3.黏贴单审核，多数企业有使用黏贴单的规定，方便原始凭证管理，需比对黏贴单金额与发票金额是否一致、黏贴单附件张数是否与实际张数一致。

4.电算化系统录入时，核算金额是否小于等于发票金额、收款方是否与发票盖章方一致、电子审批节点是否符合公司规定；记账审核时，科目录入是否准确、摘要表达是否准确；在复杂财务事项中，还会出现特殊事项说明审核。对于非常规事项经办人会给予说明，比如合同对方签章与发票盖章方不一致，但存在合理性关联。

5.摊销审核，对处于受益期的房租进行摊销，需比对摊销期间是否与费用发生期间一致、摊销金额是否与报销金额一致、摊销各附加段值是否合理（如成本中心、费用产生渠道）。

6.附带物管审核，部分房租核算实务中会包含物业管理费，需比对合同物管条款、金额拆分计入对应科目、建立摊销等。

从以上环节可以看出，每一次比对，每一次准确性判断都是存在关联的，在现有的会计体系中，这种关联难以割裂。因为会计人员已经习惯用双眼和计算器一遍又一遍地确定金额等财务信息的一致性。

但是，若把以上环节一并交由众包商处理是不现实的。首先，众包商缺乏会计专业知识，即使是在岗会计人员也不能完整处理不同公司的账务；其次，财务信息安全无法保证，整套的核算信息交由一个众包商掌握，缺乏安全性；再次，众包商报酬无法合理量化，不同会计核算事项会有不同的操作流程和审核要求，难以对其进行有规则的定价；最后，缺乏核算质量监督。众包商并不是企业员工，无法实施绩效考核，出错后也无法追踪跟正，大量比对和判断事项对任何人而言都不能保证较高的准确率。

七、搭建会计核算微任务模型

针对上述问题，最佳的核算众包解决方法就是极致拆分，形成低门槛的微任务产品，统一定价，凡是需关联判断的事项尽可能交由系统完成。为此，我们可以从一套规则、两个层面去搭建实现核算微任务的模型。

一套规则是指连接表象层面和后台层面的财务信息比对判断逻辑。比如，发票抬头通过程序与数据库储存的公司名称比对一致就是一个规则，所有规则组成一套完整的系统语言，准确传达表象层面和后台层面的行为是否合规。

表象层面是指众包商的操作行为产生层面。微任务一定是简单的、独立的、小量的产品，众包商接受任务后，需要做出的行为可能是提取一张发票的核算信息、一份入库单的签字信息、一页合同的时间信息或者一条摘要的编制信息。一定记住，让众包商提取而不是比对判断；一定记住，每个任务仅仅是一个核算流程中的一环；一定记住，尽可能拆分核算流程，不要担心拆分后任务过多。

后台层面是指财务信息储存的数据库。例如，符合规定的发票抬头、各类导入使用的制式文件、科目库等。众包商在表象层面提取的信息通过规则与后台层面进行比对判断，完成核算记账。

有了模型，就能开展核算微任务产品化的全流程设计。设计的切入点是企业现有核算工作中最简单、最标准、最接近会计真理的一项。有了核算众包微任务，就等于有了能放上众包平台的产品。众包闭环会围绕产品这一核心运作，从众包组织者到众包商，从任务发起到报酬支付，微任务最后成为连接载体。

第三篇

管理会计与业财融合篇

THREE

CHAPTER ▶

会计、财务管理与管理会计有啥区别？

扫码观看视频

谈到财务工作的时候，有的人说会计，有的人说财务管理，还有人谈论管理会计。明明都是财务工作，却偏偏用三个词来形容。那么三者之间有什么区别呢？

一、会计是什么

会计的主要工作可以用三个词来概括，即记账、出报表、报税。如果将一个企业看作一辆汽车，汽车运行当中的信息就反映在仪表盘上。仪表盘通过车速表、油量表、机油压力表提供了一些关键信息，让我们了解车有多快，油有多少，发动机处于何种状态，会计的工作其实也是如此。

会计通过将资金的流入与流出一笔笔记下来，最终通过报表即企业运行的“仪表盘”反映出来。如果汽车仪表盘上的信息不真实，驾驶员要么会被开一份违章罚单，要么遭遇汽车抛锚，严重的话还可能发生交通事故。会计也是如此，如果做的报表信息不真实或是不合规，企业也很可能遭到监管单位的处罚，严重的甚至会出现运营上的问题。

但是报表上的许多数字，终究只是对已经发生的事情进行事后反映，想要实现企业的持续运营，还需要财务管理和管理会计的帮助。

二、财务管理是什么

财务管理相比会计而言，更注重企业经济活动中对资金的管理，通过管控资金在经营活动、筹资活动、投资活动、分配活动中的运用，来实现管理的职能。

财务管理主要解决的是钱从哪里来和钱到哪里去的问题，是要实现企业资金的保值增值。而企业现金流的重要性就好比汽车的燃油系统，企业没了现金就好比汽车没了油。财务管理工作就是通过各种筹资手段，为企业的顺畅“行驶”提供充足的“燃料”，再通过投资管理和盈余管理精确地控制“喷油量”，最后将资金转化为企业前进的动力。在整个过程当中，财务管理关注的是企业当下的状态。

此外，财务管理还是连接组织与外部环境的纽带，它与金融市场的运行密切相关。成功的财务管理需要密切关注金融市场状况以及发展趋势，并结合企业的实际情况，为资金的充分利用提供更广阔的空间。

三、管理会计是什么

管理会计与会计和财务管理最主要的区别在于管理会计是在数据和信息的基础上，通过决策实现价值创造。

作为会计的分支，管理会计脱胎于传统单一的财务会计，是管理和会计的精巧结合，目的是通过规划控制、开展绩效评价、建立风险管理体系的方式，加强企业内部经营管理，提高企业经济效益。

对于企业这辆汽车而言，管理会计更像是自动驾驶系统，不仅能对当前的运行情况进行总结，更重要的是能够发现企业运行当中的问题，并根据外部环境的变化对企业的前进路线和运行方式进行规划，帮助企业能够更快、更好、更精准地达成战略目标，到达预定的地点。

四、三者之间的联系

虽然三者之间有很大区别，但相互之间并不是完全孤立的，相辅相成才能为企业运行提供帮助。在这一过程中，管理会计依托于会计提供的数据，通过不断查找经营差异原因，及时发现运营过程中的问题与原因，为管理层提供经营决策的支持。而企业利用管理会计所提供的决策支持，可以更快、更好地达成财务管理目标。商场如战场，企业想要打好商战，离不开财务管理这名将军、管理会计这名谋士，以及会计这名探子，只有三者齐心协力才能帮助企业在“战场”取得优势。

以上便是我对会计、财务管理和管理会计的看法，不知大家是否清楚三者之间的区别与联系？

谈管理会计边界的迷失与困惑

扫码观看视频

自2014年财政部倡导发展管理会计以来，管理会计大行其道。会计学术与实务圈里，如果不研究、不高谈阔论管理会计就是不入流。尽管我也研究财务转型，但在我这些年研究的学术内容中则很少单独畅谈管理会计。在我的世界里，一直认为没有财务会计和管理会计的划分，甚至认为它们都是会计。会计是一个信息系统，只不过面对的对象和对信息质量的要求不同而产生了不同的信息需求差异。理论研究中，也不断地有学者就管理会计的本质与边界问题展开了严谨的学术论证，实务中也大谈特谈管理会计对于企业未来财务转型的必要性。

随着新技术的不断应用，无论是学术界还是实务界，管理会计在推行和融合的过程中，边界越来越难以界定清楚。一方面是概念界定不清楚，另一方面是组织的边界存在消失的风险。如果一味推行管理会计，管理会计就变成了一个筐，仿佛什么都可以往里装。这种改革如果建设了财务共享，同化了财务会计，管理会计打开边界直接面向业务和管理层，那么会计的作用就会逐渐降低：业务就是会计，会计就是业务。加之，近些年来，财务共享、企业司库、财务转型、业财融合、数据中台等这些概念频出，人们产生了很多模糊的认知和困惑：

管理会计与财务共享有什么关系？管理会计与财务管理有什么区别？管理会计与业财融合是什么关系？管理会计与数据中台是什么关系？这些问题既困扰着实务界，也困扰着学术界？对此，我试着根据自己的经验谈谈几点思考。

一、管理会计是工具还是学科

会计是一个信息系统。这个信息系统区别于其他信息系统的差异性在于其主要围绕资金、成本、利润这些要素。原有的会计信息系统借助于复式记账法，运用会计准则满足了外部利益相关者的需求，但表内的信息显然不能满足全部利益相关者的需求，还需要更多地披露表外的信息，以还原信息的真实性和完整性。并且这些表外信息大有愈演愈烈的趋势。从披露的结果来看，这些信息具有局限性：第一，仅反映了可以计量的会计信息，但未完整披露具有因果关系和相关性的信息。例如，企业战略、企业文化、企业价值链管理、企业人力资源管理、企业控制与风险管理，这些信息是否对价值的提升有帮助？这些直接或者间接的不可计量的、非资金的信息，虽然不具有直接因果关系，却具有相关性，但表外信息并没有披露和挖掘出来。第二，按照会计分期维度产生的事后结果，信息具有滞后性。滞后的会计信息不具有预测性和敏捷性。难以及时反馈资金的价值运动。第三，按照会计规则生成的会计信息维度，会计外部利益相关者不能按照业务的逻辑和内部管理决策的需求反映会计信息。第四，通过判断和估计按照会计规则生成的会计信息无法真实还原业务活动的全貌，对内部管理决策需求的信息数据颗粒度及面向业务的决策价值不大。第五，分散管理的会计信息容易导致信息质量不高，甚至规则不统一，理解不统一，存在造假可能性。

基于以上弊端才产生了面向内部管理维度的会计信息需求。我想这就是管理会计所覆盖的信息范畴。于是人们把原来的信息称之为财务会计信息，又称对外报告会计；而面向内部管理维度的会计信息叫做管理会计信息，又称对内报告会计。这些报告的信息强调了相关性，精细化、预测性（即面向未来），并符合业务经营逻辑。从财政部推进管理会计意见的定义来看，管理会计是会计的重要分支，主要服务于单位（包括企业和行政事业单位）内部管理需要，是利用相关信息，有机融合财务与业务活动，在单位规划、决策、控制和评价等方面发挥重要作用的管理活动。管理会计工作是会计工作的重要组成部分。如果说会计是一门学科，那么管理会计作为这个学科的内容分类之一，也应是一门学科而不应体现为战略管理、预算管理、成本管理、内部控制等工具。那么，是否这样看待管理会计就会认为管理会计有作为单独学科存在的必要性？对此，我不赞同划分财务会计与管理会计的提法，也不赞成将管理会计理解为一系列的工具方法。我还是倾向于用笼统的“大会计”观点去谈管理会计，而不具体分财务会计与管理会计。管理会计也是会计作为信息系统的应有之义，既不是现在的发明创造，也不是未来的发展方向。管理会计是会计的一种回归，只不过原来面向外部的财务会计有失偏颇，存在片面性，才用管理会计弥补了现有会计作为信息系统的不足，这是一种发展也是会计信息系统本质的回归。这就好比业财融合。原来业财就是融合的，是财务偏离了发展方向，业财才发生了分离。所以业财融合回归，是原本应有的状态，而不是未来发展，也不代表先进。会计存在的价值在于提供信息，只是按照会计监管的规则提供还是按照管理决策有用的规则提供有所侧重，这种方向性应该是合二为一，而不是截然分开的，否则就会认为财务会计低端，管理会计高端。试想一下，离开财务会计的管理会计能独立地存在吗？这一点在实务中体现得尤为明显。实务中有多少企业、行政事业单位虽将会计部门或者财务部门（实务中还存在会计与财务认知的误区，认为会计与财务是一个概念，对此，我认为是有区别的，暂不赘述）分割为财务会计部门和管理会计部门，但仍然笼统地称为会计部或者财务资金部。可见，这是学术界在扩大会计的“帝国”边界，以推动管理会计单独作为理论学术研究的原因。当然，这也仅是我一点粗浅的认识。2014年，我随财政部管理会计访问团到访英国世界五百强的企业时，接待我们的会计部门主管领导就叫财务会计负责人，而不是管理会计负责人。当我们天真地说他们是管理会计访问团时，对方说他们做的就是管理会计，就是面向管理者的会计，而不是面向监管者、投资方的会计。会计核算已经不是会计部门主要的任务了，90%以上的业务内容早已是预算、绩效、成本、风险之类的工作了。当然他们还设置类似国资委要求的司库部门，专职资金集中管理及金融资源配置工作，这两个部门具有紧密的联系，一个是信息提供者，另一个是信息应用者，并将之运用于投融资、利率汇率风险管理等直接的价值创造活动中。

二、财务共享服务中心为管理会计做了什么

事实上，过去的会计部门已经在应用管理会计了，只是应用的结果并不好，仔细分析一下，我想有以下几个方面原因：第一，因精力、时间和难度，导致会计人员专注于核算工作而不是管理会计工作。为什么？一个会计人员的精力是有限的，如果既要负责预算，又要负责日常的核算和结算，显然精力难以达到；从难度上来讲，管理会计工作对会计人员的素养要求更高，既要有战略高度，还要有很强的沟通能力。这对于人员有限、受重视程度有限的会计部门来说，显然会退而求其次。第二，管理会计工具及其作用的发挥，需要更多地面向业

务，不仅懂业务，还需要业务的支持以提供更多的非财务数据和管理数据，现实中的业财不融合和一直以来会计人员以控制和监督思维面对业务部门，从主动性和理解的角度来看，显然业务部门不会主动提供。退而求其次，业务部门不主动，会计部门凭什么那么主动呢？因此，管理会计的从整体上来说应用不好。当然最重要的原因是管理会计人才的缺乏，这也是财政部作为主管部门为什么要求推进管理会计发展的原因。

要开展更多的管理会计工作，首先要将会计人员的精力腾出来，将更多的时间资源与关注点锁定在管理会计工作上，这就要求会计人员必须抛弃手中的会计核算工作，通过集中高效的信息化、数字化再造原有的核算组织与核算流程。其次，工欲善其事，必先利其器，管理会计需要借助于信息化去实现，体现实时性、集中和数据共享。最后，时至今日，信息技术的发展无论是自动化、智能化还是信息采集手段的多样化，无论是被动还是主动，都将过去觉得不可能的事情变成了可能，推动了会计人员的转型，也加速了传统会计核算的革命。这就是为什么一有新技术的出现，尤其是智能技术的出现，传统会计核算人员就担心被淘汰的原因。事实上淘汰的根本不是会计，是会计人员手中传统的简单、重复性、低附加值的核算劳动。这是一种必然，也是未来趋势。就好比工业革命技术的发展，蒸汽机被淘汰，传统纺织工人下岗。但是对于信息与数据的追求，管理者的初衷并没有改变。管理者更希望会计除了面向外部、监管，也要面向业务层面，让自己更能读懂会计，甚至将其用于面向业务的管理。

此时，财务共享服务中心这种组织变革的工具形式就起到了推动转型作用，它通过三位一体的组织形式，剥离了共享会计、业务型会计与战略型会计，推动人员结构从金字塔型向纺锤型发展。基于共享的形式服务于业务财务与战略财务，发挥业务财务与战略财务的功能。

业务财务与战略财务分布于分子公司和集团层面，最能体现会计价值，其核心使用的工具就是管理会计工具与方法。但管理会计作用的发挥不能仅依赖于财务共享服务中心的报销数据、报表数据，还需要更多的非财务数据、非结构化数据。这就要求业财融合，就好像我在《业务融合到底融合了什么》那篇文章中所云，业财的数据融合为管理会计搭建了重要的数据基础和组织基础。此时，财务共享服务中心需要进行数字化转型，充分发挥服务的功能，向前端延伸至业务甚至客户端，向后端产生中台和后台。前台推进了业务与财务数据的融合，中台沉淀了来自共享、来自管理会计信息系统沉淀的数据，通过数据治理，最终为决策提供数据服务。总结来看，财务共享搭建了管理会计工具发挥作用的流程基础、数据基础和组织基础。

全面预算管理的六大痛点，你中招了吗？

扫码观看视频

有一句话，叫作理想很丰满，现实很残酷。全面预算管理就是如此，大家对它又爱又恨，爱的是它的先进性和重要性，恨的是它耗费了那么长的时间，涉及了那么多部分，执行情况仍差强人意。一个天上，一个地上，无法真正实现绩效评价。

痛点一：搞成了“数据+表格”的数字游戏。

由于预算编制的基础工作做得不扎实，各级领导重视程度不够，预算执行过程缺乏有效的控制，预算编制假大空，预算管理沦为数字游戏。

痛点二：讨价还价，造成预算松弛。

由于双方信息不对称，预算双方讨价还价，通过预算松弛以降低不确定性对预算目标完成的影响。

痛点三：年底突击使用预算，造成预算资源浪费。

由于预算编制不准确，存在预算松弛，花不完会造成次年预算减少，于是开始突击使用预算，造成资源浪费。

痛点四：预算执行的实际与编制结果差异较大。

由于客观环境变化、预算目标定得过高或过低、预测不准确、经营管理不到位、管理者能力和努力程度等因素，造成编制与执行差异较大。

痛点五：预算执行过程缺乏有效的调整和分析，缺乏过程的预警和对策的措施，造成预算结果不好。

痛点六：预算结果的评价没有与绩效管理相互结合，造成两者分离。

难以保证预算管理目标的实现。绩效管理往往以部门职能为导向。预算与战略相互连接，汇总成短期与长期的矛盾，预算管理成为形式，不具有约束作用。

如何解决这些问题，我想要注意以下几个方面：

第一，以战略为导向制定预算，统一预算管理与绩效管理的目标，短期与长期相互结合。

第二，统一到战略上，才会引起高层领导的重视，在思想上和行动上支持预算管理工作，才有利于目标的实现。

第三，在编制上做好充分的基础工作，例如，往年的预算编制与执行数据的差异分析，历史上出现预算松弛的问题集中表现在哪些方面，今年的预算编制所处的假设条件发生了哪些变化，哪些可以考虑以往历史情况，哪些应该采用零基预算。此外，还应该做好信息化，避免大量无效、低水平的人力投入，造成浪费。

第四，预算松弛的最根本原因是信息不对称和对业务的不了解，因此，还要加强分析和对业务的了解，讨价还价才会有资本，才会避免扯皮。

第五，预算突击花钱事实上还是预算松弛问题，要避免其发生，应该考虑限定下半年或者最后的几个月的预算执行总额，例如，设置50%、30%的限定条件。

第六，预算执行的差异性问题，应该考虑使用滚动预算，这往往是外部环境发生较大变化而不可控的情形。对于外部较为固定的环境，可考虑通过分析的形式，突出预算执行的刚性，找到原因，避免问题的发生。

第七，预算分析要及时深入。即使是在预算调整时，也要讲清楚原因，而不是想调整就调整，并且未来再发生应如何避免，这是我们要考虑的问题，调整也要纳入考核，保证预算的严肃性。此外，预算分析要深入，从不同维度去考虑，才能避免浅尝辄止，停留于表面上。

我们为什么要搞业财融合？

扫码观看视频

在现实的会计与财务管理实践当中，大家都在谈业财融合，但为什么要搞业财融合？实际上很多人并没有弄清楚。今天我就这一问题，谈谈自己的几点思考。虽然还很不成熟，至少还在继续思考之中。

一、传统分工协作理论的缺陷需要业财融合

人类社会经济发展的历程在某种程度上，是劳动不断分化的过程，也是分工的过程。分工的发展又促进了社会生产力的提高和生产的社会化，专业化，亚当·斯密的贡献就源于此。

然而，任何事物都有两面性，分工也是如此。分工带来的专业性使产品交换的交易费用大大增加，生产链条之间的协调成本以及资产的专用性问题暴露尤为明显。分工使每个人掌握的专业差异很大，一个人只对自己的专业非常了解，而对其他行业知之甚少，这就又产生了信息不对称问题。而决策者和操作者的分离又使决策者和决策信息产生了分离。以上体现在现实组织工作中就是不协调、不配合。

传统分工理论的缺陷也必然带来组织中会计业务流程的缺陷。这

种缺陷主要表现为以下三方面。

1. 会计组织金字塔结构的缺陷

由于组织内的部门都是按照职能划分的，企业的组织结构呈现出金字塔式。与之相适应，位于金字塔最下部的基层会计核算人员也最多。一个组织规模越大，会计处理事项必然越多，会计人员的有限精力很难从事更高级别的工作。而更高级别的工作（如预算、分析、控制、决策信息支持、成本管理等）又恰恰是最有价值的工作。这些暴露了会计核算的低附加值、占用大量劳动力，工作量大、重复性强的缺陷。

2. 会计信息缺乏完整性与实时性

传统的核算业务采集到的会计核算信息，并不是完整的信息，而仅是描述企业经营实践中的事后信息，是实际发生业务信息的一部分，更多关于供应商、客户等业务价值链条上的信息，会计流程根本不予理会。这就使会计信息只能滞后反映业务产生的实时信息，造成会计逐步远离业务。另外也暴露着一个更为严重的问题，即会计对于业务的实时控制严重缺乏，会计的监督功能没有得到有效的发挥。

3. 会计职业更多地强调专业技术性而不是管理信息决策的支持

当人们因专业而稳定地从事对某一类事情的处理时，职业便出现了。会计职业与社会分工的专业化紧密联系在一起，它促进了会计职业的发展，也带给了会计职业者因专业隔阂而不敢越雷池一步的负担。

作为“分工——协作”体系的组织是生成于低度复杂性和低度不确定性社会的，在高度复杂性和高度不确定性条件下，传统的分工协作模式已经不再适用。也就是说，当人们成为社会中的行动者的时候，就会使职业角色意识呈现出淡化的趋势。它要求各种职业在面对必须立即采取行动的事项时不能犹豫，不计较于自己的职业角色，争取努力扮演好在每一次具体行动中的角色。

会计的专业性与职业化恰恰使偏重核算的会计人员过多强调会计准则的技术性与报表的生成，忽视与业务的沟通交流和报表背后的数据信息的有用性。而业务也出于自身分工的专业性与职业化，以不懂会计和财务而自豪，进而远离会计。当会计工作涉及很多业务时，往往就会带来业务的不配合，甚至认为这就是会计自己的事情，双方协调的困难性大大增加。

由于当前全球化的发展，信息技术的迭代更新，产业边界的模糊性、顾客的多样性、需求的个性化使一个组织在发展过程中所面对的复杂性和不确定性都在大大增加，这对会计职业强调的技术性来说，是一个严重挑战。

二、业财融合反映了当前价值链管理阶段对会计职业新的要求

分工协作理论的缺陷使人们开始强调一体化。一体化是在分工专业化的基础上发展起来的。一体化最大的作用是降低交易费用和提高整体的协同性。一体化还可以带来系统边界的扩张和系统结构的优化。系统边界的扩张要求系统与周围环境相互交往和矛盾的运用，使外部性内部化，也就是说，将环境的一部分纳入系统内，使系统与环境的不协调变为比较协调或协调。业财融合的另外一种解释叫作业财一体化。这种解释恰好符合一体化的整体要求。

一体化最大的体现就是价值链管理。价值链，也有的专家称为供应链或需求链。它是由协同合作来共同制定战略定位和提高运作效率的一些相互关联的企业组成的。价值链管理突破了企业组织的界限，将企业与组织上下游的贸易伙伴和客户紧密联系在一起。自波特提出价值链概念以后，国内外学者对该理论进行了进一步研究，已经从单

一企业的传统价值链思想延伸到了信息技术环境下的虚拟价值链和价值网的概念。例如，当前基于价值网环境的BAT企业，已经超出了单一企业、企业集团以及价值链管理的线性思维，形成了一个以核心企业、分销商、供应商、合作伙伴、竞争对手所形成的价值网。企业自身利益的实现依赖于同一价值链上的其他节点企业，成员企业在追求自身利益的同时必须关注价值链的整体价值最大化。

价值链带来了组织的信息流、物流、资金流以及作业流的协同合作。价值链管理，是以价值的视角实现对整个链条的管理。它通过对各项活动的分析、优化和协调，强调企业业务流程的优化，在满足客户价值需求的同时，降低总成本，创造竞争优势。

体现一体化思想的价值链管理的首要要求是以职能为重心的运作模式向以流程为重心的运作模式进行转变。它要求会计人员必须走出财务部门，与其他部门进行融合。会计部门必须重新构建扁平化的组织结构，扩大管理幅度，减少管理失误，提高管理效率，增强组织的快速反应能力。因此，会计部门必须加强协同协作，并向业务管理范畴延伸。对于一个会计组织来说，最低限度要实现信息共享和业财融合。

价值链管理需要通过业财融合实现业务财务的一体化。一方面可以通过财务与业务融合，财务向业务前端（包括采购、供应商、客户）进行延伸，打通会计与业务、会计与外部利益相关者的界限，实现信息的集成与实时控制。另一方面，财务与业务融合除了需要财务关注业务链条中的非增值环节和节点，利用生成的信息数据及时反馈信息给各利益相关方面的管理层，还要求财务部门自身进行革新，用流程再造的思想，利用信息化与智能化消除会计核算流程的非增值部分，不断追求降低核算成本，提高会计信息生成的效率与有用性。

业财融合到底融合了什么？

扫码观看视频

2014年《财政部关于全面推进管理会计体系建设的指导意见》中明确指出，“有机融合业务与财务活动”，这为业财融合提供了政策依据。如今，无论是财务转型、财务信息化建设还是财务数智化转型，我个人认为面临的最大障碍还是业财融合问题。清醒的企业实际上已经开始着手重新关注这一问题。那么，业财融合到底融合了什么？

一、业财融合理念的误区

首先，需要更正一下业财融合是业务和财务的融合，而不是财务和业务的融合。如果是财务和业务的融合，那是“财业融合”。财业融合的做法往往是财务主动，并且以管控的思维面向业务，期望通过财务共享和司库体系的建设实现核算信息的集中管控和资金的集中管控，然后才是如何发挥信息决策和财务价值的实现。

控制的思维很容易招致业务的反感，业财融合的效果往往是一厢情愿，热脸贴冷屁股。理想的结果是支撑战略、支持决策、服务业务，却仅达到了集中管控、集中报销、集中借贷。这也是为什么许多企业集团建设了财务共享服务中心和司库，却发现业务型财务与战略型财务难以发挥作用，如何基于财务共享（或者其实质还是会计集中核算）去支撑战略型财务与业务型财务一直是企业集团完成财务共享转型后的诟病。

业财融合信息化落地实施的结果是业务越来越忙，因为业务需要配合财务核算的要求，录入大量的数据，财务倒是相对减轻了一些简单重复性的劳动，部分推动了自身的财务转型。但这显然不是业财融合想要达到的效果。这种从财务出发延伸到业务实现业财融合的做法也未得到业务的认可。

所以，业财融合必须转变思路，从业务端发起，到财务端，然后再回到业务端，形成一个闭环。我理解业财融合是为了更好地服务业务，而不仅是更好地服务财务，是希望通过进一步发挥财务的价值，促进业务的决策与价值增值，同时实现规范管理与风险管控。可见，服务并不是否定控制的原则，而是寓控制于服务之中。这时候需要我们以服务思维代替控制思维。财务的价值存在就是提供数据服务，尤其是在数字化时代，需要我们用数据思维武装自己，通过大数据的技术形成类似于数据库，又高于数据库的方式，提供数据决策的支持与风险预警。

业财融合的着眼点应是如何利用最新的信息化技术与数智技术简化业务的流程与工作量，而不是增加工作量。如果是为了财务信息的完整性与真实性，那么业务的规则不应立刻得到改变去适应财务的要求，而应该是继续过去的规则，通过一定的数据转化，在核算端实现自动化，甚至无报销、无核算。这样才能够实现敏捷性和轻松的数据穿透查询。显然，大量需要穿透的业务系统，以及为了财务核算的集中规范标准化大量改变业务规则的做法是业务难以容忍的，反而更不利于业财融合。那么，这种融合是为了业务还是财务，值得质疑。

因此，服务是最好的切入点，这样才能让业务部门乐于去使用预算管理、成本管理、绩效管理、合同管理、资产管理、内控管理、税务管理等信息系统为自己服务，推动财务BP，消灭财务边界；才能让业务乐于打开系统，乐于接受管理会计工具，乐于精细化数据颗粒。为什么现在很多人关注事项会计法、项目管理一体化、阿米巴经营模式和经营会计，我想这都是为了细化业务数据颗粒度的行为和精益管理的需求，乐于做出自我改变，也有利于推动融合。毕竟业务也需要知道节约成本提高价值创造能力，也需要规避风险，也需要在最高管理者需要实时数据的时候实时展示出来，也需要更多的会计工具丰富业务管理，加强计划性与预见性，抵制风险，为新的转型与创新服务。

其次，IT时代与DT时代下的业财融合出现了流程管理向数据管理驱动的转变。

IT时代背景下的业财融合是业财的流程整合，这种融合需要突破业财的组织壁垒，通过信息系统去实现，我们期望实现的结果是业财一体化。但显然用传统的流程和固化为信息系统实现的融合，重新制造了信息孤岛。这也是为什么很多企业在上云的过程中，需要整合若干软件供应商，不断地对数据接口进行再造和连接。

DT时代的业财融合是业务和财务数据的融合。这种融合，不是打破原有的组织界限，事实上也很难打破这种边界，一旦打开就使职责更不清楚。这种融合是利用数字化的数据思维进行的融合，即通过云技术构建财务数据中台实现的融合。

一方面财务共享进行服务延伸，从IT共享、采购共享、人力共享、税务共享等不断地实现大共享的建设，通过自动化、智能化实现数据沉淀。另一方面，在业务和财务之间通过预算管理、成本管理、合规管理、绩效管理等大量业务精细化管理使用的管理会计工具（而不是单一的财务部门使用），实现数据转换和数据沉淀。数据中台根据未来管理者驾驶舱的数据展示和决策、监管需求，实现数据清理和建模。

二、总结

最后，我想表达的是，业财融合到底融合了什么呢？

业财的融合实现了业财的数据融合，这种融合由单一的财务数据与内部数据转化为大量的业务数据与外部数据，以提供支撑战略、支持决策、服务业务、创造价值、管控风险服务，这样财务的价值才能够真正地体现出来。这种业财融合下，财务和业务都不居于主导地位，而是数据寻向。其关键词是精益、协同、平台、连接、共享、敏捷、智能、赋能。仔细体会这些关键词，你才能体会在数字化时代中，财务发生的变化和需要转变的思维方式。

业财融合：从流程驱动走向数据驱动

扫码观看视频

一、我们为什么要业财融合

为什么要业财融合？以前财务的核心工作就是核算，尽管也做了管理会计，但是往往会由于业务和财务的工作目标不一致、数据不统一、标准不一致，业务参与业财融合的积极性不足，业务系统与财务系统存在信息孤岛，导致管理会计难以发挥作用，财务的价值也大大降低。真正服务于业务、服务于决策者的财务才是有价值的财务。

因此，在业财融合的过程中，需要财务向业务型财务和战略型财务转型，需要财务管理的核心——资金管理，不能局限于操作层面的流动性资金管理与投融资理财，而是向利率风险管理、汇率风险管理及战略层面的司库管理转型。

业财融合需要财务向业务端前移，为什么前移呢？我认为是财务控制规则的嵌入。如何实现呢，数据共享与集中、效率提升服务是我的思路与方法。

二、业财融合的本质：不同观点的分析

1. 合作关系观点

该观点认为，业财融合是业务财务一体化的简称，其实质是企业市场经营线与行政综合线之间的协同与贯通。基于会计角度的分析，业财融合属于管理会计的分类，为企业管理人员提供各方面的参考与分析。

该观点提出，当前各行各业都已进入“管理驱动型”增长模式，财务角色也将经历从“管账”到“管家”、从“记录员”“监督员”“分析员”到“业务伙伴”的变化，要求财务管理更好与业务管理对接，促进企业提升资源使用效率，有效应对激烈的市场竞争。

2. 合作与制衡关系观点

该观点认为，业务和财务的融合需要以企业前期充分的信息化建设和人才培养为前提，在价值文化的指导下重塑财务流程，对业务全程进行财务管理，并在合理有效的绩效考核下对业财团队进行监督和激励。

此外，该观点还认为，业财融合是企业精益管理的表现形式，业务和财务是合作和制衡的关系——合作是业务需要财务提供决策支持，制衡是财务对业务进行监督和评价。

3. 融合价值链观点

该观点认为，价值链管理需要通过业财融合实现业务财务的一体化。一方面可以通过财务向业务前端进行延伸，打通会计与业务、会计与外部利益相关者的界限，实现信息的集成与实时控制；另一方面，财务与业务融合要关注业务链条中的非增值环节和节点，并利用信息

化与智能化消除会计核算流程的非增值部分。也有人认为，未来大量的财务基础工作与技术处理会被电脑系统、机器人等取代；未来的组织中人人都可以学会用财务的视角分析数据，未来的财务管理应该更加注重财务信息在价值链全过程的各个环节的沟通与宣导。

4.信息系统一体化观点

有的学者认为，业务财务一体化在网络、数据库、软件平台等构成的IT环境下，将企业经营中的业务流程、资金运动过程和数据流程有机融合，建立基于业务活动驱动的业财一体化信息收集、处理、分析流程，使财务数据和业务信息融为一体。

5.信息系统观

有的学者认为，作为管理会计命题的业财融合，并不是财务部门直接参与经营决策和经营活动。业财融合本质是一项企业的后台管理业务，主要从事的是信息确认、计量、记录、汇总报告，它的目的是为企业内部各方面和各环节的管理者与员工提供据以做出决策的信息。这个信息系统应该服从与服务于创造价值、主导战略、控制风险、管理供应链、绩效管理、成本管控等。

业财融合的本质是什么?

今天来看，业财融合的本质是业务与财务数据的融合，目的是形成业财的数据共享中心，不仅为数字化转型积累了数据，也为智能化的应用场景积累了数字化的基础。所以说智能化先数据为基础，然后才是算法和算力，其前提条件是数字化。

《管理会计基本指引》中提出融合性原则，是指“管理会计应嵌入单位相关领域、层次、环节，以业务流程为基础，利用管理会计工具方法，将财务和业务等有机融合”。

三、传统业财融合的做法：流程驱动

流程管理的特征有如下几点：

首先，业务流程活动之间有严格的先后顺序；其次，范围、方式、权责必须有明确的安排和界定；再次，强调协同与效率提升；最后，信息化建设伊始到现在，一直都在将物理世界的流程在信息世界中重新定义一遍。

因此，传统的信息系统是流程驱动的，流程管理在一段时间代表了先进的管理理念。也正因为如此，OA、MRP、ERP等各类系统不断涌现，不断让业务流程更加细化和专业化。

四、业财融合应实现数据驱动

数据驱动的输入就是数据本身，利用数据挖掘、机器学习等技术进行建模，形成数据模型，最终输出业务决策。

数据驱动的前提是已经积累了大量的数据，且数字化程度较高、数据质量好、数据维度丰富，则可以取代以流程为核心，采用数据建模、机器学习的数据驱动方式，建立从数据出发的管理体系，用数据驱动业务的运营、战略的制定和创新的产生。

所谓数据驱动，是指运营流程中的行为是被数据驱动而不是被人的直觉和经验驱动的。由此来看，数据驱动强调的是通过数据建立组织内部之间的联系。数据驱动就意味着以数据为核心，将集团的数据资产梳理清楚，对其进行集成、共享、挖掘，建立从数据出发的管理体系，用数据驱动运营、战略制定和创新。

同时，数据驱动有以下两种表现形式。

1.驱动创新

从数据中发现规律，发现价值，能够产生更多的业务模式创新，特别是那些以人的经验所不能够洞察和理解的。在数据资产中，产生洞察，驱动创新，利用数据可视化、建模、算法来发现经验不能触达的部分。

2.优化流程

数据能够帮助企业优化原来的业务流程和系统。基于业务复杂性，其流程的固化过程以及信息化建设过程是漫长的，而且过程中有太多的噪音和干扰，如利益的博弈，格局的重组，风险的考量。所以，我们所看到的业务系统的流程，是附加了太多的组织、人员、利益、风险的因素综合体，复杂而不能被清晰地理解。因此从流程本身去优化是具有局限性的。

但流程驱动是数据驱动的基础。数据驱动无法脱离流程驱动而单独存在，其必须要以流程搭建和设计为基础来确保数据的输入源头和输出对象。

为什么业财融合与内部控制有关系呢?

内部控制首先是规则，其次是流程梳理，这套规则体现为制度的流程化，目的还是规则得到执行。

业财的融合首先就要进行流程再造，然后是制度规则的嵌入，这种制度和规则的嵌入保证了业务端过渡到财务端进行数据融合时的数据采集和数据质量。

内部控制保证了这一过程的效率、流程的顺畅、规则的嵌入，实现了有效的管控。最终通过信息化，实现了内部控制与业财融合的一体化，而不是“两张皮”。可见，业财融合与内部控制是有关系的。

那么，如何实现业财融合的数据驱动呢?

难道组织仅从金字塔型走向橄榄型就可以了吗？显然是不够的，我们还必须从共享变成平台，也就是必须要打造前中后台的形式，数据中心变成数据中台，前台面向业务后台，实现决策平台的建立。这时候智能财务也从原来的传统围绕核算所进行的核算自动化的RPA转为智能财务决策。真正的智能财务未来体现在角色当中，而不是体现那些低附加值的核算自动化中，这时候前中后台的打造就显得十分重要，我们就从共享化变成平台化，最终实现大数据。

业务财务与业财融合的关系是什么？

扫码观看视频

我们经常会听到，业务财务、业财融合（或者业财一体化）这样两个概念。于是许多人就提出疑问，两者有何区别。

我们先看看财务BP或者业务财务产生的背景。当各个单位建设完成财务共享服务中心后，业务财务与战略财务的功能就会被剥离出来。为什么要产生业务财务呢，它的价值体现在哪些方面呢？

第一，财务要走向业务，做到你中有我，我中有你，从业务中来，再回到业务中去，这样的财务才是领导者和业务人眼中的出色财务。因为财务首先懂业务，其次以服务的思维面向业务，而不是以管控的思维面向业务，这样才能成为业务的最佳合作伙伴。

第二，业务的难点，正是业务财务的关键。业务应该学会利用共享的数据来辅助、支撑一线部门的经营决策，快速发现问题，提高决策科学性和合理性，避免业务风险与粗放式经营。

第三，业务财务能够有效落实会计制度的要求，并专注于业务本身，通过管理会计信息化手段的运用，积极采集业务的更多数据，通过更加精准的服务，实时动态反馈更多业务的信息流、资金流、数据流来推动成本管控、财务分析以及业务流程的改进，促进业务数据颗粒度的细化。

那么，我们为什么又要推进业财融合呢？这主要源于财务管理现实。

第一，业财的组织壁垒在信息化建设后，仍然出现了数据孤岛问题。也就是说，尽管做了信息系统建设，但业务系统和财务系统仍然不能做到有效协同。

第二，业务与财务在数据上有不同标准，各说各话，数据分散，即使集中后，也会发现由于业财不能做到深度的融合，造成财务数据分析的深度和被利用的程度不高，决策分析的支持能力自然不行。

第三，业务与财务“两张皮”的问题。业务强调目标管理，财务强调流程管理，尽管我们期望通过管控的思路，以财务流程倒逼业务流程，但目前来看效果并不理想。更不要提财务去支撑业务运营、防控风险了，有效性和及时性均存在不足。因此，业财融合势在必行。

从以上这些业务财务的价值内容和业财融合产生的背景分析来看，业务财务恰恰是落实业财融合的最直接、最佳的实践者。它可以积极通过自身的行为，解决业财融合中的问题，推动实现更优的业财融合。业务财务深入业务一线，可以积极地以规范化的形式为财务部门提供会计核算、财务分析所需要的业务数据，同时提供更大范围的业务数据，丰富财务数据的单一性。反过来，财务部门又可以将处理后的业财融合数据，提供给业务财务，使业务财务可以通过服务的形式，运用分析结果为业务部门做出决策提供支持，有效发挥数据资产的价值，更好地提升业务财务听得见炮火，并指挥炮火的能力。

总结起来，我认为，业务财务是业财融合的组织保障或者角色保障。业财融合是业务财务发挥作用的重要手段或者工具。两者也是你中有我、我中有你的关系。

当然，业务财务也要求财务人员熟悉业务与信息技术，学会沟通，用业务能够理解的语言来进行对话。此外，业财融合首先需要集成业财的信息系统，其次进行有效数据融合，通过财务数据中台的打造，构建大数据平台，完善业财协同的机制，一方面确保业务源头到财务的过程更加标准化、精细化，实现穿透。另一方面，基于业财融合的数据，通过深度挖掘实现对经营的决策的敏捷反应和决策支持能力。

业财融合应实现闭环融合

扫码观看视频

大家认为的业财融合，好像是从财务端到业务端开展相应的管控，以集中管控和大一统的思想来实现业务数据和表单的标准化，以及保证业务端传递到财务端的数据的准确性和完整性。因此，在信息系统建设上，很多企业或者单位不论业务端的信息系统是否完善，都要求业务端通过表单的形式传递到财务端以实现规范化、规则化，有的人说这叫倒逼或者穿透。其实，这种以管控的思想面对业务的行为总是增加业务的工作量。对此，我谈几点观点，纠正大家一些错误的理念。

一、业财融合，不是财业融合

业财融合的很多做法是以财业融合为出发点的，这样就不是本着为业务进行决策支持服务和帮助业务提升管理效率的思维而实施的，这种业财融合往往是失败的业财融合。因此，要求我们首先要搞清楚业财融合的本质，即为了更好地实现业财的数据融合，以此来支撑敏捷业务和业务持续创新的需求。如果业财融合，仅是财务一头热，那么其推进肯定会遇到障碍。也正是因为业财的数据融合遇到了障碍，无法实现横向贯通、纵向穿透，所以财务的数字化转型才会步履维艰。没有了更多业务大数据的支撑，会计核算的数据价值将会大打折扣，财务的数据价值也将难以体现出来。

二、业财融合是一种双向的互动融合，闭环管理

业财融合应该是从业务端到财务端。无论业务端数据有没有得到治理，财务端都必须要提高效率。也就是说，从业务端到财务端需要解决的是效率问题。无论业务端录入什么样的数据，财务端都应该将其与核算单的数据进行有效的映射和对应，实现自动核算、智能审核、智能报销。因为财务端核算的效率已经大大影响了业务端的执行效率。但是，事实上，财务仍然以管控的思维牺牲效率，这就是一种错误举措。

此时的业财融合，其实是财业融合，是财务一厢情愿地推动所谓的业财融合。所以我们看到的结果就是围绕会计核算所进行的效率的提升，却增加了业务的工作量，业财推进的效果并不好。财务此时所建立的任何信息系统都容易形成信息孤岛，都容易变成仅服务于财务部门的信息系统，而难以成为业财融合或者业财一体化、业财协同的信息系统。

如果改变过去的思维，以真正的从业务端到财务端的思维考虑会计核算的效率问题。那么，我们所建立的预算管理系统、合同管理系统、项目管理系统、成本管理系统、税务管理系统都能通过业务端实现大量的数据采集，核算端实现自动核算。即所谓的预算管理自动核算、合同管理自动核算、项目管理自动核算、成本管理自动核算、税务管理自动核算等。这些自动核算，不是以规范业务端的数据和表单为起点，而是以管理会计信息系统的完善为切入点，并且大大提高业

务端到财务端的核算效率。再利用会计核算和管理会计信息系统所产生的大量数据，进行有效的数据沉淀和数据治理，形成数据管理系统。这种行为有利于数据从财务端回到业务端，实现有效的数据决策支持，而此时财务数据的分析价值将大大增强。

总结来看，要以互动的理念，或者说闭环管理的理念推动业财融合。当业务觉得财务信息化有利于更好地服务业务端时，业务端的信息化和标准化才更容易实现。

三、应大力发展业务型财务

我们以大型的企业集团为例，虽然通过财务共享加强了管控，提高了核算的效率，但是却没有推动业务型财务真正有效地建立，没有打通财务共享向业务型财务不断过渡的通道。也就是说，我们没有真正地通过财务共享去推动财务的转型，尤其是财务组织的转型。

业财融合是要通过业务型财务作为黏结剂去融合的，它保证了业务人员可以从财务核算效率提升以及管理会计转型中，享受转型的服务红利。此时的业务型财务一方面融入业务中去，另一方面可以调动财务共享服务以及管理会计的工具，为业务进行服务。在这一过程中，业务型财务不断地完善业务的规范化和标准化，而业务也可以接受这种业财融合。如果说由财务部门一厢情愿推动的业财融合是业财融合的1.0版本，那么从业务到财务、从财务再到业务的闭环融合，我们可以称为业财融合2.0版本。如果说1.0版本更加强调效率、标准化和流程再造，那么在2.0的时代，将更加强调自动化、系统集成云化、数字化与财务服务职能。此时，业财融合从业财的流程再造走向了业财的数据融合。这种融合丰富了单一的财务数据，使为业务进行决策分析型的数据更加丰富，更加强调决策支持分析、预警和倒逼。

四、利用中台技术推动业财融合

中台技术不是系统集合平台，中台需要借助中台化技术，打开财务共享的边界，打开管理会计信息系统的边界。从业务财务组织，流程与岗位职责划分、数据治理，构建全面数据穿透贯通、高效业财协同的业财数据融合体系，实现业务数据、财务数据在不同组织、系统间的贯通，打破组织壁垒，打通业务系统及财务系统之间的数据孤岛、数据烟囱，实现企业各个业务信息系统与财务信息间的数据融合与处理自动化，让所有交易数据及时地、准确地、自动地传递到财务信息系统。这时候所建立的数据中台解决了取数难、统计分析不便的问题，可以为业务财务、战略财务、资本运营、业务管理实现更为敏捷的数据决策支持服务，实现各类报告的定制开发、风险预警、行业对标分析，让业务财务融合的数据更加可见、可懂、可用。

业财融合的难点分析

扫码观看视频

一、管理层决策的信息需求不明确

虽然业财融合的目的是为管理层提供更多有利于决策的信息，但是管理层往往并不清楚自身对财务会计，尤其是管理会计信息的明确需求。所以在业财融合过程中，面对各种各样的财务信息与非财务信息，以及内部价值链与外部价值链上不同来源的信息，财务部门无法进行有效的筛选，并按照规划的指标进行采集，更不可能达到分析的目的和实现应用于决策的价值。此外，尽管管理层对信息的使用有着明确的需求，不同的信息使用者对信息的偏好也会不同，更何况这种需求还在不断变化，这就会为业财融合的实施带来很大的难度。

二、业务与财务的目标不一致，导致业务主动性不足

传统业务部门的主要职责定位是完成既定业务目标，在管理模式上侧重于目标管理。目标管理最典型的特征是“不管黑猫白猫，能抓

住耗子就是好猫”。这使业务部门往往会突破各种控制，不择手段完成目标，甚至增大整个组织的各种风险。财务转型的关键恰恰是基于流程再造，以流程管理为基础的，并且强调财务在流程管理中驱动性作用。一方面，期望加强财务对业务的事前、事中管控能力；另一方面，期望提升财务在整个组织中的决策支持能力与价值实现。而这些与业务部门自身的目标并不一致，虽然财务具有一厢情愿的主动性，但业务部门会认为增加了自身的工作量，加之具有被动性，最终会导致业务部门参与的积极性不高，甚至产生抵触情绪。

三、业务与财务的信息传递存在阻隔

最初，业务部门与财务部门都是以各自工作开展来选择和设计信息系统的，导致相关数据难以兼容，信息孤岛现象严重。业务系统产生的数据不能实时反映财务运行情况，财务数据也不能实时地跟踪业务的运行管理，两者相互脱离，难以形成事前预算、事中控制、事后分析的财务管理系统。

四、外部价值链条的会计流程再造难度较大

业财融合使以单个企业形式存在的会计主体扩展为以多个企业形式存在的会计主体。在空间上，要求企业不仅关注企业内部的信息，而且应该把视线扩展至上下游企业的外部信息。在时间上，要求会计参与整个业务经营过程，加强实时控制，开展全方位、全过程的流程管理。大多数企业的会计流程再造实现了同一企业各个部门之间会计信息共享（包括以财务共享服务中心建设实现的流程再造），这就是以ERP为核心的会计流程再造。

ERP是企业实现业财融合的技术手段，其核心是实现对整个供应链的有效管理，它将供应链管理功能包含进来，强调企业、供应商、客户和市场的有机结合，并将企业内部的采购、研发设计、生产、销售进行整合，由生产活动直接产生财务数据，把实物形态的物料流动直接转换为价值形态的资金活动，实现了物流、资金流、工作流、信息流的实时反映，为企业提供了大量的实时会计信息，使企业能够有效地管理和控制整个业务流程，从而提高资源的利用效率。但这种信息系统的流程再造数据收集的端口仅限于企业内部，并没有真正延伸到整个价值链上，上游供应商和下游顾客的会计信息不能得到有效采集，以至于不能很好地满足管理者做出战略决策的需求。企业外部价值链是内部价值链的延伸，内外部价值链条的共同作用才能真正有利于业财融合下的会计信息共享、实时管控、及时采集，以利于战略决策。

从目前的现实来看，外部价值链条的流程再造难度很大。由于外部价值链企业的类型不同，会计信息的标准不同，加之信息的秘密性，导致各个企业的财务子系统与其他企业财务子系统之间存在结构和数据的不兼容。这些均影响了业财融合下的会计流程再造。

五、价值链组织中管理会计协同性差

财务与业务的有机融合，依赖于管理会计的工具和方法。当然，需要看到的是，业财融合下的管理会计应用不同于传统管理会计的应用。原有的管理会计应用大多适用于单一企业，业财融合背景下管理会计则是基于价值链管理。它不仅涉及单个企业，还会涉及价值链网络上的联盟企业或合作企业，具有典型的跨组织特征。在这种管理情境下，管理会计的边界趋于模糊化，管理对象不再局限于内部资源的高效管理和利用，其资源配置会扩展到包括上游供应商、下游经销商以及其他关联企业在内的整条供应价值链上的利益共同体。这就要求管理会计作为决策和控制系统，必须契合于价值链上的跨组织管理。它有利于企业更好地应对市场环境的不确定性，以及合作关系的不确定性。同时，价值链上的节点企业为了提高整体竞争能力，倾向于协同，以实现整体价值大于各环节的简单相加。但这种协同的障碍性很大，恰恰这一点，也是业财融合中的难点。

业财融合的实现路径探讨

扫码观看视频

一、业财融合始于财务共享服务中心建设

财务共享服务中心建设是业财融合的开始，也是财务人员从核算型财务转型到业务型财务的起点，其建设与完善有利于业财融合的实现。财务共享服务对于业财融合来说具有几大优点。

1.降低会计核算成本，提高服务效率

财务共享服务中心建设，有利于通过集中的会计、统一的标准、统一的流程、统一的信息系统，降低会计核算成本，提高会计核算服务效率，大大节约会计核算人员的数量，释放更多的高级会计人员去从事业务型财务工作，有利于财务部门有意识地开展业财融合，提高财务精细化程度。

2.财务共享服务中心本身是一个集中的数据中心

财务共享通过核算与资金收付获得了来自业务的第一手数据，不仅保证了数据的真实性，更因为集中的数据而为业财融合具体措施的实施搭建了重要的真实数据仓库基础，从而有利于下一步的财务分析

与提供决策信息。

3.有利于业财融合的流程再造和数据改造的实施

财务共享服务中心强大的流程再造能力和最新信息技术的应用基础，有利于通过ERP打通内部财务与业务的数据信息流通，有利于通过XBRL统一外部的数据接口，通过外部的差旅服务（如携程、艺龙）、集中的供应商（如京东、天猫、一号店等）、快速的物流服务等措施，实现财务介入业务前端，对业务前端原始数据的直接管控能力和真实性数据采集，这些有利于业财融合的流程再造和数据改造的实施。

二、全面预算管理是业财融合实施的重要沟通工具

财务和业务之间的联系可以通过全面预算管理来实现。全面预算管理不是一个简单的事前编制和事后考核的工具。其实施最大的意义在于事前、事中、事后对资金的沟通与控制能力。无预算无资金，无预算不支付。

全面预算管理有利于提升财务和业务之间的融合能力，从而改变部门之间条块分割、各自为战的粗放式预算管理。例如，实行按成本作业标准和管理标准编制预算，可以提高预算的科学性和准确性，最终达到统筹公司资源、优化资源配置的目的。预算量化指标的细化和分解更是进一步反映了财务和业务之间必然的逻辑关系，有利于下一步多维度财务分析报告的形成。

预算一头连接着战略，另一头连接着业务活动。通过预算的动态滚动管理、业务项目的动态跟踪、各种指标的分析，来发现和探索战略决策的数据，实现科学战略决策。实时控制目标的实现，反过来可以进一步促进业财融合。

此外，预算编制的反复沟通、反复反馈、反复纠正，有利于财务

更好地了解业务全过程，这使财务对业务的管控有的放矢，同时也有利于财务对业务潜在的风险及时预警。

三、成本管理是业财融合价值的直接体现

业务部门主动实现成本管理精细化的可能性是很小的，因为业务部门实现的是目标管理，容易强调结果而忽视过程，这就会带来成本管理的粗放，成本管理是连接财务和业务的又一路径。它有利于在目标成本管控的前提下，分解细化作业工序和作业流程，并将责任落实到部门和员工。财务部门深入业务流程，可以识别非增值的环节和流程，通过财务自身的精细化驱动业务流程的精细化，这样的成本效益分析和业绩评价才会准确、精细，这本身就是业财融合的价值体现。

四、“互联网+”与数据分析是业财融合的基本工具

业财融合的实现依赖于数据。数据的挖掘、分析和利用，并将其应用于资源配置与利用的决策，有利于业财融合的实现。业财融合的要求，使财务数据已经不能满足管理者的需求，还应拓展数据边界，从采购、生产、营销等业务领域获得数据，这个数据取得的过程本身就是业财融合的体现。一体化的信息系统有利于财务数据和业务数据的打通，有利于业财融合的实现。“互联网+”更是利用“互联网+”平台的搭建，将前端的资源获取体系、中端的规则引擎与流程引擎、后端的统计分析体系整合，打通业务链各环节，全面实现外部原始数据获取、交易合法性验证、会计凭证制作、记账、报表生成会计循环的自动化，为不同管理者的差异性需求提供数据分析。否则，缺乏

“互联网+”的一体化的信息系统不可能实现数据在前端及时获取，反而可能造成更多的信息孤岛。

五、高素质的财务团队是实现业财融合的人才保障

业务部门与财务部门的职能分工，加大了业务与财务深度融合的难度。这就要求财务团队首先以统一的组织价值目标实现为理念，顾全大局，提升与业务融合的主动性。其次，财务团队所掌握的专业技能不再是财务知识的认知能力，而是对数据信息的搜索能力、数据信息的加工能力和数据信息的洞察能力。财务团队应从对会计准则知识的掌握，延伸到对行业政策与趋势、各种商业模式、供应商与竞争者信息的关注。应该学会从浩瀚的经营数据、财务数据中搜索和洞察出具有商业价值的信息，并基于数据的分析和预测，将其转化为对各种决策具有价值的建议。最后，业财融合需要财务团队具有很强的沟通能力。这种沟通能力不再是财务人员的固执己见和自娱自乐，而是基于业务服务，站在业务的角度，提高财务处理效率，积极回应各种质疑，客观分析和评价结果。这才会为业务欣然接受财务团队的决策建议提供沟通的前提条件。

财务BP到底是什么？

扫码观看视频

普华永道曾联合某国际会计师协会公开表示，在未来3至5年，财务BP的岗位需求将高调占领财务市场！

财务BP到底是干什么的？与传统财务有什么区别？BP是Business Partner的简称，翻译过来叫作业务伙伴。企业中设置BP岗位，更多的是将传统中后台职能岗位跟前端业务岗位进行连接，也就是将人事、行政、财务、法务这些对业务了解较少的职能部门，更直接地与业务部门相连接，深入了解业务部门的需求，以提供更好的服务。作为职能部门与业务部门的连接点，BP岗位应运而生。

BP岗位从职能部门中来，到业务部门中去，将业务部门的需求反馈给职能部门，再由职能部门做出分析和判断，帮助业务部门发展业务，最终形成企业的良性循环。

财务BP是连接财务部门与业务部门的纽带，他们既懂财务知识，又深入了解业务。在工作当中，他们利用自身财务专业知识，帮助业务部门开展工作，为企业获得更大的价值。虽然财务BP是财务人员，但更多的是要深入业务团队。称职的财务BP不仅是业务部门的合作伙伴，更是业务团队的重要成员，为业务部门的日常经营活动提供财务支撑，协助业务部门完成业绩目标。

那么，我们为什么需要财务BP?

随着经济全球化发展，信息技术迭代更新，产业边界模糊，顾客需求多样化，企业的经营环境越来越复杂，也越来越充满着不确定性。这不仅是为企业管理带来了挑战，也对财务一直以来引以为傲的技术性提出了挑战。

针对新的挑战，财务领域提出了“业财融合”的概念，这是财务职能变革的一种趋势。业财融合要求财务人员不能只是与数字、报表打交道，还要走向前台，与业务并驾齐驱，甚至要走在业务的前面。这必然要求财务从注重核算职能转向强调决策的有用性，为决策提供数据支持以提高决策的科学性和正确性，而财务BP正是传统财务实现转型的结果。

财务BP在企业中担当什么角色?

为了实现职能部门与业务部门之间的连通，财务BP的角色定位与其他管理者有所不同，作为拥有财务技能的业务管理者，财务BP承担着连接财务和业务桥梁的角色。

华为曾将财务BP管理的做法总结为九个字：在一起、懂业务、提建议。在一起，意味着财务BP配置要到相应的组织里面去。财务BP在具备基本财务专业知识的前提下，深入业务一线，时刻以业务团队绩效为第一要务，与业务团队共同达成目标。懂业务，意味着了解业务、理解业务、懂业务才是财务BP的重要价值，财务BP需要与业务部门形成良好的沟通与配合，帮助业务做出正确决策。华为对此还提出了财务人员要有“五懂”：懂项目、懂合同、懂产品、懂会计、懂绩效。提建议，意味着财务BP要从“控风险”和“促增长”的角度，用业务听得懂的语言给出专业建议，帮助业务在企业发展和风险之间寻找平衡，既能支持公司的业务增长，又可满足团队的绩效目标。

华为总结的这九个字将财务BP的角色形象展现了出来。在财务与业务的两座大山之间，财务BP便是承担着大山之间交流重任的桥梁，这座桥，既要有坚实的专业基础，承担起信息沟通的重任，也要全面、精准地将信息转化成为双方都能够理解的语言，让业务与财务真正实现融合。

业财融合应该具备哪些条件?

认识了业财融合的本质，下一步就需要了解一个大型集团要想实现业财融合需要具备哪些条件?

一、流程保障

业财融合最容易体现会计的价值。原有的会计流程之所以饱受诟病，主要原因是传统的分工造成的会计流程的弊端，这就需要先对原有的会计流程进行再造。会计流程再造的核心目的是实现自动采集、共享、实时控制与输出业务相关的信息，满足不同会计信息使用者的需求。

业财融合的会计流程再造不仅是在内部打通会计与业务的流程，实现会计信息与业务信息的共享，更需要重新对现有会计流程进行梳理，消除不增值的业务环节，从内部延伸到外部价值链条或者价值网来实现信息的共享，尽可能满足使用者的信息需求。而现实却是会计信息系统数据的采集并没有延伸到整个价值链，仅局限于企业内部，并没有采集到供应商、消费者和竞争企业的相关信息，最终无法满足高层管理者的决策需求。

流程再造包括输入环节、加工环节、输出环节三个层面的再造。输入环节的流程再造目标是消除业务部门产生原始凭证的过程及会计凭证编制的过程。一方面实现无纸化传递，另一方面尽可能实现从业务前端按照一定的数据规则统一获取信息，而不再采用人工或者从业务端再加工后提供。这可能会带来核算的集中和业务前端的供应商（如差旅服务、原材料、日常办公设备及低值易耗品等）系统的集中以及价值网中客户端的集成，从而实现集中采购以及与价值网中客户端的价值信息共享。会计部门就可以实时监控多种原始凭证的来源，保证真实性和账实相符，同时，能够自动生成实时报告提供给需求者。当然，在这一过程中，录入的标准必须统一，避免重复输入。

加工环节的流程再造目标是实现会计凭证、账簿、报表的自动生成。如果能给今天的智能化提供“用武”的空间，会大大提高处理效率，节约会计人员的精力，但这并不是主要目的，主要目的是留下业务处理的痕迹，使业务流程具有可视性和还原性。

输出环节的目标是运用各种可能的数据挖掘和展示技术，按照使用者的需求，分析生成数字化仪表盘等可视化的数据信息。这些信息不仅是会计信息，还有更多的内部业务经营者信息、外部价值链的供应商信息、客户信息、竞争者信息。它能够帮助企业了解客户行为，预测销售趋势，确定某一组客户或者产品的收益率等。需要提醒的是，输出环节必须考虑使用者的需求，并不断调整输入和加工环节的业务流程。这其实也起到了一种反馈作用，使输出环节与前面的环节形成闭环。

二、信息技术保障

流程再造为信息化提供了重要的基础，信息化是实现和固化流程的技术条件。信息技术有利于改变“信息资源孤岛”的问题，实现财务与业务信息的集成。集成有利于更好地实现实时控制、信息共享与融合，更好地跟踪和反馈。

技术条件主要包括两个方面：一个是内部的ERP实施，另一个是外部的XBRL接口的统一。ERP最大的优点是采用标准化、规范化的信息代码实现集成。它有利于将财务模块与生产、物流等模块紧密相连，业务部门按照标准录入生成的信息直接被会计部门所采用，这就大大节约了会计部门的工作量。

XBRL技术最大的优点是允许使用者根据需求定义标记，当数据双方能就标记达到一致，数据便能无歧义地进行动态的共享和交换。推行XBRL技术，信息使用者获得的会计信息才具备可比性。

三、数据仓库保障

无论流程再造还是信息技术的使用，目的都是构建数据仓库，以供分析提取数据转为决策信息使用。数据仓库也称为中央数据库，是为所有决策提供数据支持的底层数据库。它有定性与定量、财务与非财务、确定与不确定、内部与外部的数据信息。当然，这些信息在生成的初期，必须统一输入处理规则与代码，否则就会杂乱无章，无法提取、加工和分析。

四、会计组织保障

高效的会计组织是业财融合实现的重要保障，而流程再造与信息技术的运用使高效的会计组织成为可能。尤其是移动互联网、云计算、大数据、人工智能（AI）、虚拟现实（VR）等技术的应用，会使会计组织面临意想不到的改变。引用畅销书作家古典的一句话："未来世界的认知能力，是找到信息的搜索能力，运用信息的思考能力，以及从大量信息中抓取趋势的洞察能力。"对于会计组织来说，高效的衡量标准不是会计准则技术的认知与运用能力，而是将会计组织的核心竞争力从准则技术走向信息的采集以及运用信息的分析能力和洞察力。

业财融合与财务共享服务数字化转型

扫码观看视频

本节我们将谈一个重要的话题，业财融合与财务共享服务数字化转型。为什么讨论这个话题，主要是源于很多实务工作者咨询我关于建设完成的财务共享服务中心未来的发展问题。困扰财务共享服务中心最大的问题是如何基于已经建成的财务共享服务中心实现当初在设计时所说的“三位一体”，即共享财务、业务财务与战略财务如何实现一体化，我认为首先需要财务共享服务中心进行数字化转型。

一、财务共享服务中心数字化转型的必要性

业务型财务与战略型财务的核心内容包括管理会计工具所涉及的财务规划、财务分析、预算管理、成本核算与管理、税务管理、内部控制与风险管理、绩效管理等。过去，它的实现主要依赖于财务会计信息系统，但按照会计规则和分散的组织架构形式所形成的会计数据具有滞后性、不真实、不全面，缺乏可理解性、对内决策利用价值不高的突出问题。这些使基于财务会计的管理会计的运作遇到障碍。财务共享服务中心通过流程再造形成了统一与集中的数据管控模式，实

现了核算成本降低、核算效率提升与集团财务管控加强，但是，构建完成的财务共享服务中心显然缺乏对于“共享”与“服务”的平衡，造成了共享但不能发挥服务的功能。尽管应用了RPA、智能审核等先进技术，但还是停留在会计核算效率的提升上，没有真正解决业财融合的数据来源问题。预算还是原来的预算，成本还是原来的成本，绩效还是原来的绩效，都因精细化和财务会计数据自身的问题而无法真正有效发挥作用，其结果是财务围着财务转，业务围着业务转，会计信息系统还是自身的那个孤立的会计信息系统，业务系统还是围着业务转的信息系统，信息孤岛就是这个道理。顶多是在会计核算的报销上，我们解决了业财融合的问题，本质上是在解决业务数据到报销数据的统一和标准化问题，提升报销流程效率，但无法解决业财的大数据融合问题。

二、业财融合对于财务共享服务中心数字化转型的必要性

为什么要业财融合？业财融合是说财务不能脱离业务的预测、决策的需求，仅解决经营者受托的责任，满足外部利益相关者的信息需求，还要对内体现出财务的决策支持价值、服务于业务的价值和价值创造，而不是局限于简单、重复性、低附加值的会计核算中。于是要求财务要转型，要支撑战略、支持决策、服务业务、创造价值、管控风险，财务BP这个岗位也破土而出。这是最贴近于业务一线的业务型财务、业财融合型的财务人员或者财务组织。

大型企业集团对于管理会计的需求远远大于中小企业，一方面，它面临着分散所带来的财务管控与风险管理问题，另一方面，它也面临着财务组织架构的整体转型问题，为了降低成本，提高效率，提高数据的完整性与准确性，始于共享服务的财务转型破土而出。财务共

享服务这个工具实现了分散走向集中，解决了同质性业务的流程再造问题和财务组织的结构划分问题，分出来了共享型财务、业务型财务与战略型财务三位一体的结构。财务人员的组织架构逐步开始从传统的金字塔型走向橄榄型，这种组织架构要求中间的业务型财务要增大，更多的核算型、操作型的财务人员被RPA替代，被智能审核替代，转向业务型财务。财务共享不同于过去的会计集中核算，它为了体现服务，建立一种商业经营模式，而不是简单的集中管控，它区别于会计集中核算，是要签订服务水平协议，要收费，精细化到每一单的账务处理，你要花多少钱来买我的服务，这种服务与原来自己拥有财务核算的成本对比进行分析后做出决策。因此这是一种选择行为，而不是强制行为。并不是所有分子公司的业务单元都要纳入财务共享服务中心。需要发挥管理会计功能的，需要真正体现核算主体精打细算的，真正体现绩效评价导向的，各个分子公司才会选择，否则就是被动的。这种被动会制造出新的业财分离，尤其是不收费的财务共享服务中心就是会计集中核算，就是会计加工厂。财务共享自身缺乏转型的动力，更不可能想着如何为业务型财务、战略型财务提供服务，其自身已经陷入了与业务部门无尽的争吵之中。

这样来看，正确地建立财务共享服务中心十分必要。这样才会进一步推动业财融合，进一步通过业财融合推动财务共享服务中心数字化转型。财务共享服务中心的数字化转型是为了解决更多的业财数据融合，通过不断地处理业务端的数据，实现更多的非结构化的数据归集，而不是仅为结构化的数据归集。实际上财务共享服务的信息系统已经不断地融入业务的信息系统，从ERP、CRM到供应链等系统，甚至在外部链接了一些共生系统，实现服务与效率的提升。其结果是不断在财务共享服务端沉淀大量的数据，这些数据经过筛选、清洗、分析、加工，不断地输入到为业务型财务提供管理会计工具服务的业财大数据中心，可以称为财务数据中台，这时候你就会发现财务共享服务中心就是在做数字化转型，这种数字化转型使财务共享向大共享中心转型，向大数据中心转型，后端业务型财务与战略型财务的需求也在不断地被输入到财务共享服务中心，要求它提供或者加工这些数据。这样看财务共享服务中心未来需要“会计+管理+IT+数据统计”的复合型人才。财务共享必须也必然会进行二次转型，否则就是一个鸡肋，那么业财融合就是一种推进器，并发挥着助燃的作用。

三、新时期如何有效开展业财融合助推财务共享服务数字化转型

业财融合要求财务共享服务中心首先要进行平台化的再造。要开放并打开财务共享，而不是封闭，要更多地体现为业务服务的思维。财务共享是否可以实现税务共享，利用税务共享的数据提供税务筹划，帮助业务部门节约成本，避免合规风险和税务风险。财务共享是否可以与更多的第三方平台实现链接，帮助业务部门提高采购效率，避免因信息不对称带来的业务丢失或者产生信用风险。财务共享是否可以利用沉淀的数据，进行分析，帮助业务部门精细化管理的需求，提供更多的业务维度的经济数据。总之，平台的开放性会使财务共享不断地沉淀数据。开放的平台更利于对接不同的系统抓取数据，将会计控制的规则融入流程之中，间接将内部控制的标准进行落地实施。

在思维上，原有的业财融合更多的是在做流程再造，生成规则，提高效率。业财融合要具备为数据驱动的思维，要学会运用数据治理为决策生成数据服务，不能仅在效率和规则的生成上下功夫。以往通过经验的沉淀，必然被数据的科学分析所取代。这样才会推进业财的数据融合。

在财务的职能上，不能只是核算、监督，还要增加服务，服务减少了对抗性。我也在思考一个问题，业财融合到底是财务提出来的，还是业务提出来的？目前来看更多的是财务而不是业务。

其次，我们要有更多智能化的应用。智能化不是要求财务人员全部成为人工智能专业人员、大数据专业人员，而是了解它的方法论和基本原理，与会计、财务的主要理论和实践相互结合。现在最缺少的是从核算场景延伸到业务场景，再从业务场景还原到核算场景，开发人工智能应用的设计者。可怕的是，懂会计的不懂业务，更不懂人工智能，懂人工智能的不懂会计，鸡同鸭讲。所以人工智能在会计领域的应用更多地局限于重复性、可替代的核算报销领域，而没有真正地走向智能决策领域。

最后，财务人员的转型迫在眉睫。高校教育要让只关注于评职称、做科研的教授走向实践，真正解决实践问题，从实践中挖掘素材。学生在学校没有真正学到理论结合实践的知识和技术，没有掌握方法论，进入社会，完全由社会的专业人士从头培训，这显然是不经济的，况且实践中的专业人士也缺乏理论的高度。理论实践的脱节也好比业财的不融合。会计教育需要培养“会计+财务+管理+IT+金融”的复合型人才，教学侧重于案例与理论。高等教育要转型，实践也要通过后续教育培养更多的高端人才进行转型，应该充分研究好胜任能力框架，在职业道德、职业知识、职业技能领域构建一个符合冰山理论的模型，使其真正付诸实施。目前来看，数商培养很重要，这是在新时期需要培养的新的商数，要形成数字化的思维，掌握数字化的技术和方法论，利用大数据解决业财融合、数据融合问题。

第四篇

财务数智化篇

FOUR

CHAPTER ▶

财务信息化、数字化与智能化，你分得清楚吗？

扫码观看视频

随着时代的发展，云计算、大数据、人工智能等技术也在不断地更新迭代，数字化、智能化正成为新一轮全球生产力革命的核心力量。为了更好地顺应时代发展，跟上技术发展的步伐，各行各业都在推进新技术的应用，财务信息化也将朝着数字化、智能化的方向发展。这一转变应如何实现？我认为，财务应先基于共享服务数字化转型实现财务数字化，再基于财务数字化转型实现财务智能化。

一、财务信息化、数字化与智能化的关系

财务信息化、财务数字化和财务智能化是三个不同的发展阶段（见图4–1）。

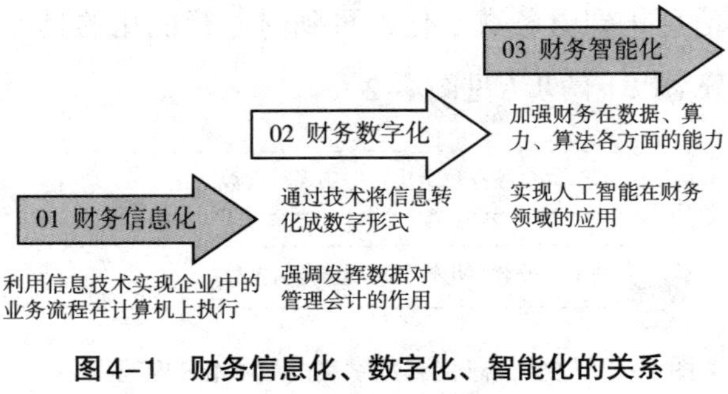

图4–1 财务信息化、数字化、智能化的关系

信息化是指将企业中的业务流程利用信息技术在计算机上执行。在财务信息化阶段，企业将手工管理财务数据转化为使用基础的计算机和网络技术管理财务数据，在一定程度上起到降本增效和提升数据可靠性的作用。企业经过多年的财务信息化建设，许多财务流程都基于各式各样的信息系统。

财务信息化的过程中产生了大量的数据，随着企业业务的不断拓展，财务数据也变得越来越复杂，传统的财务信息系统已经无法满足企业的管理需求。此时，企业就需要实现财务数字化，通过更高级的数字技术来管理财务数据。数字化强调通过技术将信息转化成数字形式，并利用数学量化、统计分析方法和数字技术提高人们的认识能力和实践能力，提升产品或工作系统的功效，进而带来增值和能力提升。可见，数字化不仅是将现实世界中的信息转化为以0和1来表示的数据，还代表着一种思维模式的转变，是人们加深对客观世界认识的一种方式。因此，财务数字化不仅通过信息系统提升财务会计工作的效率，更强调发挥数据对管理会计的作用。

财务数字化是对企业数据进行分析后，提供运营分析和预测，供决策或者运营使用。而财务智能化是基于数字化所形成的海量数据，结合计算机的算力，为企业管理提供基于机器学习的算法推荐最优的行动选择。因此，财务信息化的更高阶段，是基于数字化，加强财务在数据、算力、算法各方面的能力，实现人工智能在财务领域的应用。

从财务信息化到财务数字化，再到财务智能化的具体转型路径，总体来说可分为以下两步（见图4-2）。

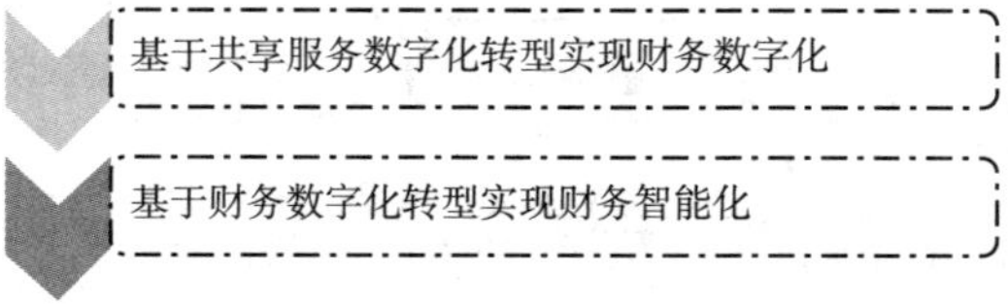

图4-2 财务信息化到数字化、智能化的转型路径

二、基于共享服务数字化转型实现财务数字化

企业从财务信息化到财务数字化的转型过程中的重点，是在基本财务会计工作自动化的基础上，发挥管理会计优化业务资源配置、辅助决策等方面的职能。对此，需要充分发挥财务共享服务中心利用数据为业务人员和管理层提供决策支持服务的作用，做好经营决策与战略决策。发挥这一优势的前提，取决于财务数字化的程度以及数据处理的能力。

财务共享服务中心作为企业信息管理的核心部门，除了处理基本的会计核算与资金支付业务外，也需要在技术的运用下，成为企业“数字神经系统”，帮助企业与其利益相关者建立更广泛的数字化连接，实现数据传递与处理的全面在线、实时互联。因此，推动财务共享服务的数字化转型，成为实现财务数字化转型的有效路径，这一过程可以总结为业务数据化和数据服务化（见图4-3）。

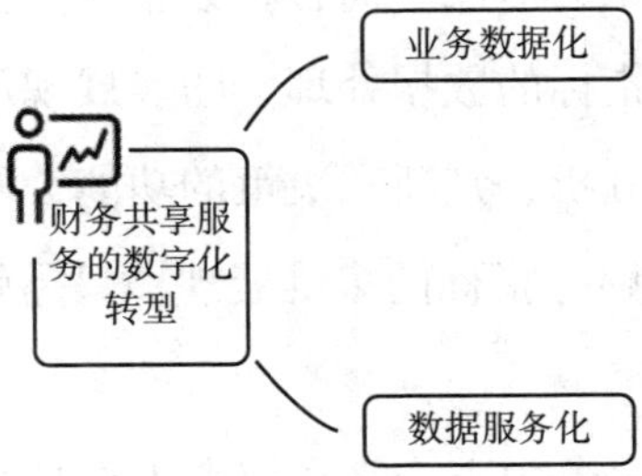

图4-3 业务数据化和数据服务化

第一，通过业务数据化为财务共享服务数字化奠定基础。

财务共享服务中心可以与ERP系统进行有效对接，连接财务和业务两端，借助互联网的连接和数据获取的能力，把交易各方连接起来，

获取丰富的数据资源。同时，通过信息系统的统一重构、数据中台的建设和新兴技术的应用，使财务共享服务中心有能力整合并共享企业的多维经营数据，实现业务和财务数据全面、广泛的连接，形成数据资产，为进一步实现数据支持管理决策奠定基础。

第二，在业务数据化的基础上，财务共享服务中心将逐步迈进数据服务中心，并运用数字技术建设成为企业的大数据中心。

针对来自企业内外部的大量、完整、多类型的数据，大数据中心需要进一步提高自身的数据处理能力。此时，数据湖技术作为企业各类结构化、半结构化数据的载体，可以提升企业储存和处理大量异构数据的能力，云计算、数据挖掘和人工智能可以提升企业数据计算速度和分析能力。通过综合运用这些数据采集、数据加工、数据挖掘、算法、模型等方法进行数据的加工与管理，释放数据价值，最后进行数据可视化的展示，可以实现利用数据为业务活动和管理层提供服务。

但是，从数据管理的角度看，财务共享服务中心仍面临着数据来源、数据质量以及数据运用方面的诸多困难。财务共享服务中心不仅很难采集到业务前端的数据，还面临着数据接口标准不一致的情况，阻碍了统一的数据体系的形成。而且，数据的分析和处理大多还停留在对会计信息或财务指标的数据处理、图表展现层面，还没有完全实现支持管理人员进行分析、判断和决策的功能，即便是一些商业智能（BI）软件，也仅仅是财务指标的多维展现，只是就指标论指标，就数据论数据。

对此，财务共享服务中心未来还应考虑将自身的工作向数据治理和数据应用扩展。财务应从信息系统入手，对已建系统、在建系统、待建系统的数据进行梳理、分析，识别出标准数据在信息系统的分布情况，厘清数据来源去向、标准情况、质量情况，对财务核算维度和业务管理维度的数据进行标准化治理，为后续应用创造条件。在此基础上，进一步加强数据分析技术的应用，提高挖掘数据价值的能力。

三、基于财务数字化转型实现财务智能化

尽管财务信息化的目标最初并不是为了实现智能，而是不断优化会计核算效率、提升会计信息质量、增强管控能力，但随着RPA等技术的应用，以及连接、共享、协同、数据中台的理念不断植入财务共享服务中心，使财务共享服务的效率得到进一步提升，也让我们看到了财务智能化的应用雏形。由于RPA可以替代人工，高效完成重复性高、逻辑性强、低附加值的工作，其效率和流程自动化的程度具备了初级的智能。

随着财务共享服务数字化转型的发展，财务共享服务将向采购、信息、人力、税收等大共享平台的转变，融合管理会计的工具，加强数据、算力、算法各方面的能力，不断为后台提供高质量的数据服务。此时，数据中台这一信息系统的整合理念恰好分离了前台业务和后台的服务与决策，充当起了数据采集与转换中心的角色。数据中台的作用是“打通、整合、服务”，以关键业务要素为核心，打通多个系统的数据壁垒，整合建立业务关系的数据链集合，封装为可对外提供的数据服务。当更多的人工智能技术应用到数据中台时，财务智能化向前又迈进了一大步。

必须看到，这仅是弱人工智能技术的产物，当效率提升与数据积累到一定程度时，颠覆性创新使人工智能产生更多的应用场景，这将为强人工智能技术的应用提供可能。这种智能财务应用可分为三个发展层次。首先是基于规则的自动化，具体表现为财务机器人的自动对账、智能报告等；其次是基于对话式用户界面（UI）的数字助理，语言交互、人机协作是其重要特征；最后是基于深度学习的企业大脑，以

大数据为基础的智能决策和风险内控是典型场景（见图4–4）。

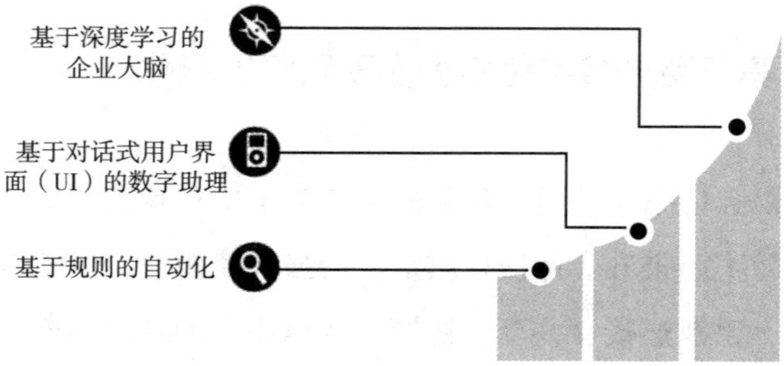

图4–4　智能财务应用发展层次

综上，在数字技术发展的驱动下，财务信息化不再局限于传统信息系统的数据处理和应用，而是朝着财务数字化、智能化的方向发展，其发展路径可归纳为：先基于共享服务数字化转型实现财务数字化，再基于财务数字化转型实现财务智能化。企业应紧跟数字技术的发展步伐，提升财务数字化和智能化水平，充分发挥财务数据在企业管理中的作用和价值，为企业的财务转型和持续发展打下坚实基础。

企业财务信息化建设需要解决哪些核心问题?

扫码观看视频

企业财务信息化建设是企业财务管理工作转型升级的重要举措之一，它源于企业中用计算机辅助财务人员工作的设计思想，其本质是利用信息技术对业务流程进行信息化管理。从最早的会计电算化开始，我国企业财务信息化建设经历了会计核算软件、财务软件集成、财务业务集成、管理会计信息化和财务数字基础设施建设五个阶段。目前，我国大多数企业正处于财务业务集成阶段，主要是在企业资源计划（ERP）和财务共享服务中心建设的基础上，通过信息系统建设、流程再造等手段，实现财务与业务的集成与融合。

财务信息化建设主要表现为会计信息系统的设计和实施，以及相应的流程管理、组织人员管理问题，是一个技术因素和管理因素并存的复杂项目。在技术变革日新月异的今天，财务信息化正处于机遇与挑战并存的发展时期，企业需要准确识别问题、积极把握机会，从而推动财务转型。

整体而言，财务信息化在建设过程中的问题集中体现在系统设计环节和财务信息化实施环节。

一、会计信息系统设计存在的缺陷

会计信息系统是面向企业价值管理的信息系统，是对企业价值运动进行反映和监督、提高信息处理能力和满足管理需求的系统。财务信息化发展过程中，传统的会计信息系统在设计上存在以下缺陷（见图4–5）。

图4–5　会计信息系统设计存在的缺陷

1.注重核算而忽视监督

一直以来，我国企业将财务部门的主要职能定位为会计核算，早期的财务软件也主要是为适应会计核算需求而设计的。传统的会计信息系统过度关注计算机操作所带来的核算效率的提高，以及利用系统中数据间的勾稽关系来保证会计信息可靠性的优势，而忽视了会计监督这一基本职能。

然而，如果仅为了借助信息技术提高效率、控制会计数据可靠性的话，那么以当前先进的信息技术为支撑的会计信息系统就大材小用了。如今更关键的问题在于业务信息进入会计信息系统的前端环节的可靠性是否能得到保证，即对会计信息的审核应当前移到业务端。此外，当前会计信息系统存在的一个严重缺陷，即没有保存必要的会计业务流程的审计线索，对于风险预警、监督、控制造成了一定的困难。同时，当前我国财务人员的工作思维还是将会计定位于核算，侧重于对系统中数据的报告，而不是对数据的分析，难以起到有效监督的作用。因此，如果财务信息化一直停留在财务会计核算子系统，而不能延伸到会计的监督与控制职能，那么也就限制了发展财务信息化的意义。

2.业财信息集约化程度低

财务信息化成功的关键在于如何应用信息技术驾驭信息洪流。一个企业在生产、销售、控制和预测的经济活动中，主要表现为信息流、资金流和物流的统一。要借助信息技术有效地控制“三流”，单靠会计信息系统是不够的，企业各部门尤其是业务部门必须将其业务信息纳入系统管理的范畴，将系统功能延伸到企业经营和管理的各方面，覆盖各个环节的信息。

而在我国，会计信息系统建设的很长一段时期都是从减轻会计人员负担、提高核算效率方面入手，基本上还是按照手工会计处理流程设计，这样建立的会计信息系统仅是手工会计业务流程的高度仿真，没有实现信息技术真正的价值，也导致很多财务系统并没有实现与业务系统的有效衔接，使财务系统独立于其他业务系统，无法进行数据交换、信息共享和控制管理，不能与企业内其他管理子系统（库存、销售、人事、决策等）实现对接，难以形成覆盖整个企业业务与职能活动的管理信息系统。而这些都归因于信息的集约程度低，尚未认识到改变传统会计业务流程的本质的重要性，以及建立完整的会计信息系统、实现信息与功能的集成对企业的重要性。

真正能体现信息技术价值的财务系统必须建立财务信息与其他业务信息的接口，彼此共享，做到“信息集成、过程集成、功能集成”，实现财务信息和业务信息一体化，才能真正从全方位、多层次展现可信的决策信息。

3.无法满足管理需求

长期以来，我国的财务信息化基于输出视角的思路，导致会计信息系统存在图4-6所示的问题而无法满足管理需求。

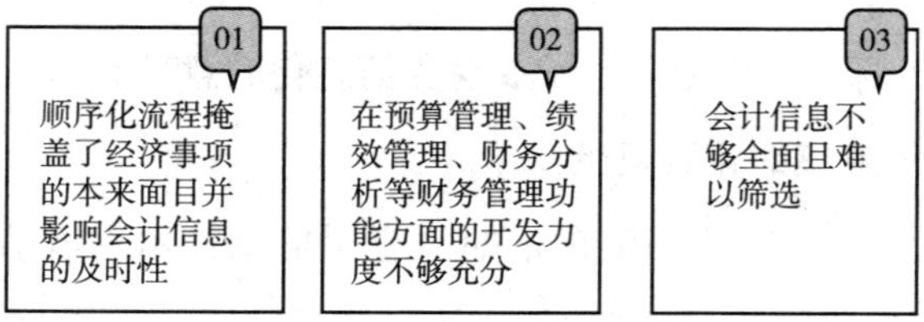

图4-6　传统会计信息系统存在的问题

其一，传统会计信息系统的顺序化流程掩盖了经济事项的本来面目并影响会计信息的及时性。

当一项经济业务发生时，其业务信息被转换为会计信息录入信息系统中，而一旦被系统汇总处理，只能单项地从原始数据到会计报表，无法逆向还原，我们难以再看到这项经济业务的原貌，最终提供给信息使用者时，只能说明企业的经营效果，而不能详尽说明企业经济效益的实现过程。同时，在这样的顺序化流程中也难以实时获取业务事件的信息，导致会计信息滞后。

其二，传统会计信息系统在预算管理、绩效管理、财务分析等财务管理功能方面的开发力度不够充分。

当数据从功能较强的成本、资产核算等处理系统传输到功能较弱的财务管理处理系统时，将无法自动转换数据格式，这就需要人工核算、人工输入，导致出错率增加，使系统无法充分发挥其管理功效和预测功能。同时，传统会计信息系统只能采用如趋势分析、比率分析、因素分析等较低层次的分析方法对经济活动的部分信息进行分析，数据挖掘乃至人工智能分析技术的应用却没有涉及，限制了信息系统的分析及管理功能，没有充分发挥财务信息化对加强财务管理的作用，不能满足实际需要。

其三，传统会计信息系统中的会计信息不够全面且难以筛选。

一方面，传统会计信息系统处理流程实际上就是手工会计业务的“翻版”，只采集了与经济活动相关的货币性信息，而与经济活动有关的大量非财务信息、定性信息以及不确定性信息被屏蔽于会计信息系统之外，信息使用者又只能被动地接受系统生成的会计信息，个性化、定制化的会计信息的缺失使传统会计信息系统不能很好地辅助于战略决策、经营管理。

另一方面，根据会计制度的规定，重要财务数据、报表等必须保留十年以上，所以系统中包含大量时间跨度很长的数据，凭借传统的方式难以全部掌握积累的海量数据，存在信息丢失、真伪难辨等现象。同时，由于进入会计信息系统数据源的选择依赖于会计人员的主观估计和判断，不同的会计政策和会计估计的选用，对最终产生的会计信息具有重大影响。这很容易造成误导，并且很难发现隐藏在数据背后的真正有用的信息，不能分析数据中存在的关系和规则，也不能根据现有的数据预测未来的走势，从而无法给出正确的辅助决策的信息。

总体而言，这种面向输出视角的会计信息系统存在着“重结果、轻管理”之弊端，致使我国多数的会计系统难以提供高价值信息用于战略管理决策，并且难以有效地记录、识别和防范相关的风险，在管理会计方面处于相对劣势地位。因而会计信息系统作为会计信息的采集、处理、报告等过程的载体，面对新的信息需求必须适时调整。如何实现会计信息处理的集成化、社会化和自动化来提高企业信息化管理水平，如何从大量的数据中经过深层次分析获取有价值的信息，成为时代赋予会计信息系统的新要求。

4.财务数据治理能力不足

财务信息化建设在财务数据治理能力不足最明显的体现是数据孤

岛问题突出，以及财务数据统一性不强。

一方面，从集团内部各信息系统的关系来看，会计数据之间、会计数据与业务数据之间时常处于割裂状态，形成数据孤岛。当业务发生时，数据在不同的信息系统按照流程、专业和应用进行分类，储存在包括会计信息系统在内的多个数据库中，不同系统之间的数据无法共享和关联，增加了跨部门数据合作的沟通成本，使集团公司不具备跨专业平台、多应用场景和全流程数据的互联互通能力。

另一方面，在大数据背景下，数据在企业集团内部强调“跨部门整合”，整合的前提是具有一致的处理接口。但如果企业集团下各单位账套独立、会计政策不一致、采用软件不统一，诸如会计科目设置和往来单位的录入等重要的数据标签可以自行设置，业务部门和财务部门的统计结果都不一样，将带来较高的合并、调整和汇总成本，更重要的是导致合并数据的准确性不高，从而降低数据质量。

二、财务信息化建设实施环节存在的问题

除了设计和具体的技术问题，财务信息化建设在具体实施过程中也存在不足之处，按照建设实施过程前、中、后期的阶段划分如图4-7所示。

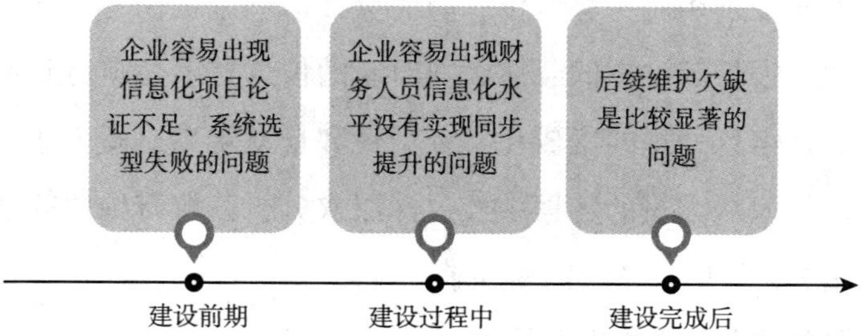

图4-7 财务信息化建设实施过程的问题

在建设前期，企业容易出现信息化项目论证不足、系统选型失败的问题。当前，为企业提供会计信息系统的厂商纷繁复杂，既有产品较为成熟的国外厂商，也有处于新兴发展阶段的国内厂商，它们的系统各具优势。企业容易没有对信息系统的建设需求做深入细致的分析，就仅参考其他企业的成功经验，过分信赖“标杆法”，导致所选择的信息系统与企业的实际管理需求存在差别。

在建设过程中，企业容易出现财务人员信息化水平没有实现同步提升的问题。不少企业缺乏财务人员以及其他相关技术人员的培训意识，认为只要安装了ERP系统便万事大吉，导致人力资源素质滞后于财务管理的需求。企业在培训方式的选择中存在单一性，影响了财务人员的培训效果。

在建设完成后，后续维护欠缺是比较显著的问题。相当一部分企业缺乏系统维护的意识，认为会计信息系统建设就是根据企业的财务管理需求安装相应的ERP系统，只要ERP系统正常运转便能实现财务信息化的目标。由此带来的结果是会计信息系统在财务信息化应用中经常出现系统漏洞，严重损害了系统的稳定性与安全性，既增加了企业的资金投入，也影响了财务管理的效率。缺乏维护还将导致企业财务信息在通过网络传输中安全防范措施薄弱，容易造成对数据的恶意攻击或修改，给企业的经营和发展带来数据安全风险。

综上所述，传统的会计信息系统设计存在注重核算而忽视监督、业财信息集约化程度低、无法满足管理需求和财务数据治理能力不足等缺陷，再加上在财务信息化建设实施环节容易出现信息系统选型失败、财务人员信息化水平提升不同步、欠缺后续维护等问题，导致很多企业难以从财务信息化建设中获得应有的效益。当然，企业的财务信息化建设不可能一蹴而就，企业只有充分了解这些存在的问题，才能更好地寻求解决方案，在财务信息化建设过程中更具有前瞻性和战略性。

什么是财务数字化与财务智能化？

扫码观看视频

财务数字化是在财务领域重构财务组织、再造业务流程，在此基础上运用云计算、大数据等新的数字技术进一步采集数据，并提升财务数据质量和财务运营效率，更好地赋能业务、支持战略、服务业务和支撑决策。它的关键在于如何扩大财务的数据采集范围，并保证数据的真实性、完整性、实时性和有效性。

财务智能化源自人工智能技术的再度崛起，运用于财务领域。财务智能化主要包括以下三层内涵：

第一层是基于自动化技术的智能化。也就是说，人工智能使基础的财务工作实现自动化处理。例如，运用RPA技术，将财务管理中重复、有规律的工作通过预制规则方式实现，运用智能审核实现规则的审核和人工的释放。

第二层是基于数据分析的智能化。财务通过自动化技术采集到更多业务财务数据，并且对数据进行汇集、治理后，运用统计学、数据挖掘、机器学习、深度学习等技术，为经营管理决策提供分析依据。

第三层是基于算法模型的智能化。在数据采集和分析技术的基础上，重点通过算法模型对数据进行处理，提取其中的规律并进行预测，基于预测值设定规则，并由系统自动提供最优方案。这将会是财务智能化的最高级阶段。

什么又是数智化？我们可以将其理解为数字化与智能化的结合，它基于连接获取数据，基于数据提炼价值，基于智能将数据的价值落地到应用场景，结合起来叫作财务数智化。

当财务人员遇到人工智能

根据百度百科的解释，人工智能（AI）是一门新的计算机技术科学，它是基于大数据，模拟、延伸和拓展人类智能所做出的理性判断。举个例子，人工智能的记忆和识别功能会快速调取历史数据，数据需要压缩工作时间。人工智能基于大量重复数据，发挥记忆和延伸的功能。目前，人工智能技术已经悄然应用到我们的生活之中。例如，无人驾驶、无人机、无人超市、阿尔法狗（AlphaGo）等。

在最近的培训和自学阅读中，我发现越来越多的财务人员、审计人员开始担心人工智能对自身工作岗位所带来的冲击。

我们真的会失业吗？

我们真的一无是处吗？

这种声音因AlphaGo打败李世石、无人超市落户上海、财务机器人等智能化产品的出现而变得更加强烈。这些助推了财务、审计人员对自身所从事工作内容的担忧，甚至绝望。

有人认为，人工智能在带来便利的同时，又如同魔鬼一样，摧毁了很多本来十分成熟的传统工作岗位和操作技能。

应该认可的是，人工智能的发展对财务、审计工作来说是一件好事情。它取代了财务、审计工作中的简单、重复、低附加值、占用大量劳动力、可流程化标准化的劳动。正如德勤财务机器人宣传的亮点，它替代的是财务流程中的手工操作，特别是那些高重复性的录入、审核、记账、结账、报表生成等手工财务核算操作。审计工作也是如此，那些录入底稿、收发函证、数据处理分析等审计工作将被替代。只有当这些工作被替代，财务、审计工作人员才会真正有时间、有精力去从事更具有附加值的工作，如数据分析、绩效评价、财务管控、流程再造、决策分析支持、投资融资决策、风险管理等。

尤其让人振奋的是，当财务智能与大数据结合在一起，会使传统的财务、审计工作大放异彩，甚至带来无穷的可能性，会使本来枯燥的数据更加丰富多彩和智能化。以财务工作为例，智能化的财务处理平台可以搭建云端企业商城，利用电商化平台实现与供应商、客户之间的无缝连接，借助发票电子化打通税务数据与交易的关联，回归交易管理为核心的企业运营本质，重构传统财务处理流程，实现对员工日常消费、差旅服务以及大宗原材料采购的在线下单、支付，企业统一对账结算，最终实现业务交易透明化、流程自动化、数据真实化。不仅有利于加强事前控制，还具有强大的比价功能。

如此一来，管理者和经营者接收各种业务数据和信息将会更加便捷，准确性更会不断提高。这些数据会通过可视化的技术进行分析和处理，形成有用的信息。而那些曾经十分痛苦的重复性体力劳动的释放也能够让我们更加精神愉悦，达到身体和精神上的双重释放。

当然，机器人的出现并不意味着人类一无是处。毕竟人类还有其自身的工作乐趣和价值所在。AlphaGo打败李世石并不意味着没有人再去看围棋比赛，它只是提高了比人类大脑更快的运行效率和记忆力，不意味着取代人类对围棋智慧的汲取和人类彼此之间下棋交流的乐趣。同样，会计、审计工作中大量的判断与沟通工作，并不会被机器人所完全替代。智能化不是无人化，人类也没有必要与机器人竞争那些低水平的劳动和重复的体力活动，智能化只是更好地提升财务、审计的服务能力。

那么，哪些财务与审计工作是人工智能无法取代的呢？

一、财务与审计中的沟通

智能化的时代将是人机共存、人机协同的时代。智能化作为辅助的服务手段，使财务、审计与管理者、投资者等利益相关者的沟通变得更加方便，更加准确，但人与人之间更加具有温度的沟通不可能被智能化所取代。

二、财务、审计人员的独立判断能力

财务活动与审计活动中往往需要运用大量的具有个性化的独立判断。这些判断有一些能够进行经验固化，赋予智能化，但更多的还是由人类自己完成的，这是许多财务工作者和审计人员的智慧所在。这些是不可能被替代的，除非因自身的懒惰，失去了独立判断的权力。

三、财务、审计理论的创新

财务、审计所形成的理论和假设，是人类管理智慧的体现，这也是人类随着社会经济现象的复杂性增加所做出的不断迭代更新。这些工作是机器人不可能完成的，因为它无法替代人类的想象力、创新力和探索精神。

因此，人工智能并不意味着世界末日的来临。除非人类自己毁灭自己。面对人工智能，我们需要了解它、认识它、接受它、管理它，为自己所用，提高财务、审计的服务能力。

人工智能改变世界，我们改变人工智能。

互联网时代的会计核算模式，你准备好了吗？

我们试想一种场景：

清晨，当你走在人来人往的上班途中，或者悠闲地坐在地铁、公交上……你是否会利用碎片化的时间，拿出手机登录APP，仅通过简单的看图打字，在到达办公室之前，赚一笔交通费用。

午休时间，你是否会打开电脑，利用休息的时间进入APP，轻而易举地完成平台派发的核算任务，通过简单的看图打字，再次赚一份免费的午餐。

下班过后，与朋友小聚，你是否会因为电影不好看，聊天没有话题，而用手机登录APP，一阵滑动敲击，就赚了明天免费的早餐。我想，你会选择这样做，毕竟闲着也是闲着。这就是互联网时代财务工作模式的创新。不需要集中办公，没有专业要求，不需要任何工作经验，只需要识字和基本的常识，就能轻松将复杂的会计核算一键搞定，且赚取了日常的零花钱。

我想，你还会迫不及待把这种福利分享给亲朋好友，口口相传，让大量与你一样的人聚集在这个开放的共享平台，执行任务、聊天、提现……人们会将每天完成碎片化的核算任务当成一种习惯，当平台聚集了足够量的人群时，核算工作几乎以读秒的速度完成。而不需要人们再聚集在一起，专门设置财务部门实现记账。

此时，一个大型企业集团的财务共享服务中心或者财务部门仅有三四十人，有人正在回答用户的疑问，有人正在监控系统的运作，有人正在研发全新的众包任务。这时，企业的一把手也可以手握百万级的用户信息，正与销售部门研究如何将用户转变为客户。这一刻，会计核算众包平台的能量正在开始释放。

一、对传统的财务作业模式的颠覆

会计核算众包令曾经让我们感觉很专业性的会计工作变成了人人都是财务工作者、人人都能记账的基础性日常工作。可以看到的是，会计核算众包颠覆了传统的财务作业模式。它利用了互联网的时代特性和大众的行为习惯，将死板的全流程会计核算变成了轻松愉快的“小游戏”，原来看似不可能回避的人工比对和判断，也因寻求到合理的微任务产品设计方法，而转变为系统自动处理的事项。

当然，我们也必须认识到：

会计核算的众包不是将代理记账挪到网上。现实中，我们会发现，有一些代理记账服务企业规模化地将业务放到了互联网上，招收代理记账员进行线上作业，实现网上代理记账。其本质还是简单地将会计核算工作进行远程操作。虽然按照国家代理记账规定，代理记账员必须拥有会计从业资格证书才能开展会计核算服务，但随着国家取消了会计从业资格证书，从事代理记账员的工作也变得没有任何门槛。会计核算的众包大部分任务只是对独立的发票、收据、银行回单、合同金额、缴费通知等作提取操作，仅有科目选择属于会计专业独有技术。当任何人都有权利核查原始附件的准确性、核算微任务产品时，会计核算的资质要求便已经被消除。对于科目选择则可以通过众包商分级身份认证授权，让拥有会计从业资格证经验的人员处理。

二、实现零门槛的碎片化处理

从事会计核算工作的人都知道，如果将核算流程占用的时间定义为十成，原始附件的审查耗时将占用八成。换言之，大部分的核算工作都可以通过会计核算的众包微任务实现零门槛的碎片化处理。

当然，我们也必须认识到：

会计核算众包不是简单的核算O2O。

虽然O2O近些年来大红大紫，成就了月入18万元的夫妻档美甲师，也成就了4500亿元的网商+实体市场。但会计核算众包不是简单的核算O2O。其实，会计核算作为一种记账服务，也能实现O2O式的线上线下并行作业。准确地说，就是实现企业财务人员无空间束缚的工作状态，即在岗时属于线上核算，离岗时通过VPN或虚拟桌面达到线下核算的目的。但其本质依然摆脱不了专业资质要求和用户群体的特定性。核算O2O仅是简单地将核算工作从企业内网移至大众网络，并将操作者限定为企业雇员，从单位到不限于单位只能算作增加了会计工作开展的渠道。

三、会计核算众包应定义为B2C

若会计核算众包达到一定规模，可以接入外部企业时，则成为B2B+B2C。C端是完全自由独立的个体，和企业并无任何劳动合同关系。最为重要的是，会计核算众包的本质是将会计服务产品化后，形成核算微任务产品，放至大众网络可供所有人进行选择操作。除个别微任务外，没有资质要求和特定用户。当然，有种观点认为，O2O是B2C的一种体现形式，所以，我们也将会计核算众包称为非传统核算O2O。

当然，会计核算众包也不是云财务。

云财务是指基于广域网的财务系统软件和服务平台，其特点是随时随地接入、会计信息使用者（财务人员、企业高层、外部审计、监管机构等）可同时协作开展工作、几乎所有会计事项均能在此执行。云财务更接近扩大化的核算O2O，但用户特定性依然存在。

会计核算众包与云财务其实没有太多比较性，云财务中核算仅是一个模块，更高的价值体现在财务数据的全方位监控。会计核算众包只有核算这一个模块，其价值体现在人力成本的大幅降低和用户流量的积累。当然，云财务对核算众包有许多借鉴之处，最重要的一点在于如何基于核算众包实施会计全流程的众包。

基于以上，我们可以看出会计核算众包最大的特征就是去专业化、无特定用户、通过流量实现价值驱动。尤其是去专业化是对传统会计模式发出的挑战，是在“互联网+”浪潮中的创新，可以称作推动会计革命的新动力。其中，核算微任务产品的研发是实现去专业化的关键一环，其强大的、面向所有类型企业的适用性，为会计核算众包的推广起到推波助澜的作用。

“互联网+”是否真的会引爆会计革命

哥伦比亚作家、记者、社会活动家马尔克斯认为，文字有一个极大的好处，它是水平和无限的，永远不会到达某个地方，但是有时候，会经过朋友们的心灵。过往的十年，我们看到了中国作为世界第二大经济体的崛起，也看到了传统工业所支撑的中国经济举步维艰，而以互联网为基础平台的生态正在以最高的效率和新型消费者的互动关系，给中国带来了一个崭新的市场环境，构建了一种新型的商业逻辑，也催生了一场新的工业革命——中国制造2025。“互联网+”目前正在成为未来中国经济新的增长引擎，影响着各行各业的转型升级。

“互联网+”是以互联网平台为基础，利用信息通信技术（包括移动互联网、云计算、大数据等技术）与各行业的跨界融合，推动产业转型升级，并不断创造出新产品、新业务与新模式，构建连接一切的新生态。

所谓跨界，是“互联网+”思维的普遍产物，是互联网精神的体现。跨界是用外行人的思维干内行人的事，让外行人赚内行人的钱。外来和尚会念经，越是外行越可能颠覆一个行业。因为跨界者不会被既有的条条框框所束缚，往往拥有与内行人不一样的思维和理念。当不同理念和不同行业进行相互合作和融合，未来就可能会碰撞出不一样的火花，产生新的生产力，带来新的契机和增长点。跨界成功的标志，就是要实现互联网对传统行业的渗透和融合，创造新的发展生态和整体机遇。当然，成功跨界并不一定非得进行一场轰轰烈烈的改革，哪怕只是一个微小的创新和变化，也可能以润物细无声的方式改变整个行业格局。互联网金融的异军突起，正是“互联网+”的特征和要求——跨界融合。互联网金融就是要通过融合实现创新，通过融合发现价值，通过融合提升效能和竞争力。支付宝、易宝支付、财付通等第三方支付工具的创新力度成为互联网金融不断发展的重要推动因素。

于会计而言，与“互联网+”的结合是否会引爆会计领域的革命呢?

我的回答是肯定的。相比传统产业而言，互联网产业犹如一个灯塔或者路标，给中国经济的各行各业提供路径转型的可能性。会计行业也不例外。受信息技术的影响，传统会计的信息传递、集成存在着及时性不足、集成性差、真实性不足、管控能力差等突出问题，难以真正发挥会计的动态实时预测分析、决策支撑、绩效管理等功能，使传统会计功能日益封闭与僵化。

依托于云计算、大数据、物联网、移动互联网等新兴技术，会计信息在储存、传递、集成和应用上都产生了爆炸式的增长，助推了会计工作由传统静态的财务会计模式向动态先进的管理会计模式转变，会计的管理职能得到充分发挥，会计作为控制系统的本质特性日益突出。从企业实践情况来看，“互联网+”已经成为管理会计理念与方法落地的“利器”，是预算系统、平衡计分卡系统、经济增加值系统、作业成本管理系统等管理会计信息系统落地的重要支撑。传统工业经济时代的管理会计是基于静态预算进行反馈、控制和评价的机械体系。“互联网+”时代的管理会计会转变成根据环境变化，进行滚动预测和计划，提供实时决策支持、柔性优化资源、持续改进绩效的有机体系。

另外，基于互联网技术的财务共享服务中心建设将普通的财会人员从烦琐的记账、算账等低附加值的会计核算中解放出来，有利于具有潜力和更高级别的财务人员将精力集中投入到企业的战略决策、投融资分析、经营管理、绩效评价等领域，有效降低财务成本，取得更多管理与控制效益。

近年来，我们会看到很多行业都在玩跨界，《跨界歌王》展示了活跃在影视领域当红明星的歌唱技艺，《跨界喜剧王》展现了商界、文化界、体育界、音乐界和演艺界多元化的、幽默的表演风格。在这里，我们可以一起来畅想互联网与会计的跨界融合之美。

在互联网像空气和水一样渗透到各行各业的今天，会计与互联网的融合已势不可挡。会计进入“互联网+”时代，会计服务是核心，本质是互联网，会计服务和互联网密不可分，互联网与会计的跨界融合共同构建了会计服务新的生态体系。

在“互联网+”时代，互联网的互通互联让会计服务资源能够有机会流动起来，解决会计服务资源闲置的问题。在“互联网+”时代，会计人员可在一个开放的会计服务网络平台上处理各项财务会计事项，从根本上改变会计人员独立和封闭的工作单元，进行网上编制财务报表、财务审批，在线更新财务制度、在线服务支持、在线资金调度、在线咨询等。在这种情况下，会计服务实行众包模式就成为可能，这也正是“互联网+”开源、开放、共创、共享思维的体现。

众包是互联网环境下的一种重要生产组织方式，它通过有效利用资源的闲置产能，有效配置资源，形成一种分散而又分享的经济形态。如国外的Uber和国内的滴滴打车，都利用了社会上闲置的汽车资源，将这些资源整合到出租市场中，让闲置的资源得以利用，让未满足的打车需求得以弥补。

会计服务众包模式就是在互联网技术不断发展的前提下，通过会计服务在线平台引入持有会计证和其他会计资格证书的人员，完成注册、认证、考试及接单。当这些通过注册、认证、考试的会计人员只要有空闲的时间，有一台电脑、有一根网线（或无线）和APP，就可以随时随地想工作就工作，而他们的工作场景也将呈现多样化。可以在温馨的家里，在高档的酒店里，在嘈杂的咖啡厅里，也可以在地铁上……众包模式下，以往由于财务工作特有的业务量不均衡而导致的人员配置矛盾得到解决，提高了全社会会计服务资源使用的灵活性和效率性。可以说，会计核算众包模式的出现，也将迎来属于财务人员的“滴滴时代”，“滴滴财务”将引爆会计服务模式的革命！

赋予“互联网+”后，会计资源从线下走到线上，由相对独立走向了资源共享，会计的内部服务功能也发展成了互联网的“众创空间”。由此也产生了一些诸如“云会计”“互联网代理记账公司”“网络会计事务所”“在线财务管理咨询”“云会计与云审计”等第三方会计审计服务。

在大变革的“互联网+”时代，会计行业应主要着眼于客户价值的提升，通过提高用户的便利性，让用户随时随地享受到贴身的会计服务，增强用户的会计服务体验，并实现信息流从信息到大数据的转化，从而实现对财税数据价值的深度挖掘。“互联网+”以云技术为推手，将人和人之间、人与机器间的数据统一推到云上，用云技术作为支撑，通过建模和分析实现会计数据的精准结果，再汇集成信息，发挥各种决策的经济效益性。

现代工业革命未来最大的特征是智能化，即人工智能和机器人。智能化带来的不仅是观念的转变，更重要的是已经付诸实践。在财务管理的实践中，我们将看到越来越多的智能化应用场景。这些场景的落地，也让财务管理能力不断地升级。一段时间，财务机器人的出现引发了财务人员的恐慌。我们应该认识到，这时的财务机器人并非严格意义上的智能化，而更类似于脚本自动化的概念。目前的财务机器人仅做到了机器流程自动化（RPA），距离真正的智能化还很遥远。RPA与智能化业务流程自动化（IPA）的最大区别在于，RPA的实现基础依然是明确传统的流程规则，而真正智能化应用的实现基础将会是机器的自我学习、自我认知能力。RPA是通过模拟人工作业的方式，将一些无法通过系统集成的手工操作进行自动化的处理，以替代高频、重复、长时间且附加值低的人工操作。例如，发票校验、表单处理、数据导入和对账业务。它可以降低财务运营成本、提高财务运营效率、降低操作风险。RPA可以根据设定规则和框架进行大量决策，并以完全相同的方式执行每次任务。未来RPA的工作还可能替代财务共享服务中心的简单劳动，使财务共享服务中心进一步升级改造。此时，财务共享服务中心又将在此基础上迈向更高级别的未来，更加充分发挥着“共享”与“服务”的理念。

未来已来，将至已至。快速变化的未来最根本的特质是摧毁所有的僵化与固执。作为财务人员，无论是否做好准备，互联网所带来的变化都不会以个人的意志为转移。身处于这个时代的财务人员只能面对挑战，而不能成为旁观者和侥幸者，任何的不变与固执，都会在瞬间被淘汰。当然，我们也必须认识到，“互联网+”本身不是一场革命，但会对会计革命起到引爆效应从而引爆一场革命。当然，全部依赖于互联网不练内功只练招式还是不行的，切记：“互联网+”只是工具，不可能替代人类所有的劳动。

“互联网+会计”学习笔记

我曾经撰写过一篇文章，叫作《“互联网+”是否真的会引爆会计革命》。今天重新拾起这个话题，再来谈谈我对这个问题的认识。

“互联网+”引发了新一轮的信息技术革命，开辟了传统产业转型升级的新路径。但技术从来都不是伟大创新的根源，关键在于我们对待事物的看法是否在不断地发生演变。尤其在新的历史背景下，我们需要更多的看待问题的新思路与新方法。这就是我为什么再次针对这个话题进行讨论的原因。

一、“互联网+”再认识

“互联网+”是一个对传统行业升级改造的工具，但它并不是简单的相加，而是利用信息通信技术以及互联网平台，让互联网与传统行业进行深度融合，创造新的发展生态。“互联网+”与会计跨界融合有以下几个特征。

1. 连接

互联网的本质是连接，其价值也在连接。连接是互联网商业化的主要工具载体，而通过连接产生的强大聚合能力，是其手段和目标。从互联网到移动互联网，互联网的连接能力越来越强，时空维度随之不断地拓展，这种拓展促进了移动互联网、云计算、大数据的应用，开辟了物联网的新领地。

连接使价值链变成了价值网络，实现了合作、共享和共赢。通过连接，成倍地放大了新技术、新模式的作用，拆除了传统产业的藩篱与壁垒，打破了信息不对称；通过连接，产生了一系列化学反应，将无关变成了相关，从相关诞生了行动，促进了跨界融合与协作。

在连接过程当中，信息是连接的内容，连接是信息的载体。连接使人与人之间的连接过渡到了人与物之间的连接，人与信息的连接过渡到人了与服务的连接，网络型的连接过渡到了平台型的连接。总之，连接使企业内外的数据实现自由流动，不仅生产数据，还让数据成为组织重要的资产，产生了利用大数据分析来创造价值的可能。

2.平台

“互联网+”催生了一系列的电子商务平台，例如，“互联网+零售”产生了淘宝平台、京东商城、天猫超市、1号店等购物平台；“互联网+交通”产生了滴滴打车、首汽约车、神州专车等打车平台；“互联网+旅游”产生了携程、艺龙、途牛、booking等旅行服务平台；“互联网+分类广告”产生了58同城、赶集网等信息平台。这些电子商务平台削弱了长期困扰市场的信息不对称问题，降低了购销双方大量的时间成本与交易成本。

在过去传统的商业模式下，资源在企业这个“管道”的线性价值链条中流动并增加价值，最终输送给消费者。现在的平台，其首要目标是匹配用户，直接连接供应商和消费者，自己并不介入生产，而是利用不直接拥有或控制的资源，实现商品、服务或社会货币的交换，为所有参与者创造价值。

3.共享

“互联网+”催生了共享经济。共享经济是基于互联网时代的信誉、市场取向，通过共享理念实现闲置资源的再利用并创造新价值的目的。云计算本身就是一种IT领域的共享经济模式，无论任何人在任何地点，都可以共享这朵“云”所提供的计算能力。“互联网+”时代，人们之所以接受和认同共享经济理念，主要是因为共享增强了信息的透明度，共享双方实现了双赢。

4.数据

随着世界的复杂性以及不确定性的增加，传统机械思维的核心思想是确定性和因果关系，任何事情一旦发生，则必然会产生结果，一定有可用的模型来描述其发生的原因。而到了数据时代，连接诞生了平台，平台诞生了数据，强相关性则取代了过去的因果关系，数据中包含的信息以及数据之间的相关性，可以帮助我们消除不确定性。同时，数据又能产生商业价值，有了数据就可以进行数据分析，帮助企业和政府科学决策，进而降低成本、提高效益。

5.智能化

工业革命是以机械思维为核心的，数据思维则引爆智能革命。智能化在网络、大数据、物联网和人工智能技术的支持下，具有能动地满足人们各种需求的属性。可以说，如果没有数据就不可能有智能化。

二、“互联网+会计”的应用场景

“互联网+”作为一种技术正在改变着会计行业。例如，互联网平台实现了会计资料的电子化，提高了会计信息的准确性、及时性和集成性。云计算的应用将财务流程从线下搬至线上，产生了“云会计”“互联网记账公司”等新的服务模式。移动互联技术的应用，打破了会计人员的时空限制，实现了即时财务信息沟通和实时账务处理，改变了会计信息的处理和供给方式。大数据的形成则使管理会计的应用得到推进，财务分析与经营分析对于决策的支持作用更加强大。

基于前述“互联网+”所具备的特征，传统会计行业与互联网的结合焕发出新的生机与活力。

1.连接+平台+数据=商旅服务+在线采购=业财融合

传统的商旅报销和大量日常采购使大量的业务人员耗费在贴发票、走流程、签字、招投标等琐碎的事务性工作中。管理层也因此耗费了大量的时间去审批，而没有精力集中于更具有附加值的事情上。财务针对业务的需求，也无法实现事前管控、事后采集信息，无法为企业运营决策提供辅助数据。员工也常常因为自己要代垫费用，不知财务规范而导致无意违规，因事后报销受阻而影响对业务的热情和积极性。

而依托“互联网+”所形成的这些商务平台，覆盖了企业几乎所有日常的运行支出，为实现会计核算效率的提升、利用系统打通业务前端的数据提供了可能性。通过连接这些平台，植入移动互联网技术，企业的财务核算可以实现统一在线支付并收取发票，大幅精简出差手续以及压缩烦琐的日常采购流程所需要的时间，让员工从传统的垫款、报销等琐碎的工作中彻底解放出来，让管理层从冗长的审批中解放出来。最为重要的是，财务核算系统可通过此类平台越过业务，而从业务前端获得最为原始的数据，确保数据的真实性和集中性，从而有利于实现业财融合和大数据分析，为决策提供很好的数据基础和应用环境。

2.连接+共享+数据=财务共享

当前许多大型企业都通过建立集中的财务共享服务中心来解决分散型财务核算带来的诸多弊端，“连接+共享”的理念帮助企业降低了财务核算成本，提升了信息透明度，满足了企业集中管控的需求，避免了分散所带来的财务重复建设、重复投入以及效率低下等问题。除此之外，我们更应当看到财务共享中心还是一个数据共享中心。它集中了一个组织大量的财务数据，甚至可以通过前面的商旅服务与在线采购收集更多来自业务前端的业务数据，这些数据为实施决策支持和智能化提供了重要的数据基础，甚至可以在此基础上建立决策数据库，为决策提供定量化的数据支持。

3.连接+共享+平台+智能化=会计核算众包

随着全球共享经济的快速增长，基于“互联网+”等方式的创新服务业蓬勃发展，众包模式脱颖而出。众包是一种既可以高效快速解决问题，又能大大降低企业成本的共享经济模式，也是外包的一种变形。可以说，外包的极致就是众包，其推动力在于互联网的发展与进步。但与外包不同的是，外包更多强调专业化，而众包不需要太多的专业化。

在众包思想的启发下，传统的会计核算也可以通过一定的移动互联平台技术连接大众用户与核算发包商，通过后端的智能化实现核算众包。在这一模式下，众包平台将会计作业极致拆分成微任务，并面向互联网用户进行任务招募，由互联网用户抢单随时处理完成。会计核算众包从根本上颠覆了传统会计的作业模式，促进企业实现轻资产与灵活经营，有助于推动企业财务向更具附加值的战略财务、数据财务转移。这本身便是一种“互联网+会计”的革命。财务共享服务众包平台流程如图4-8所示。

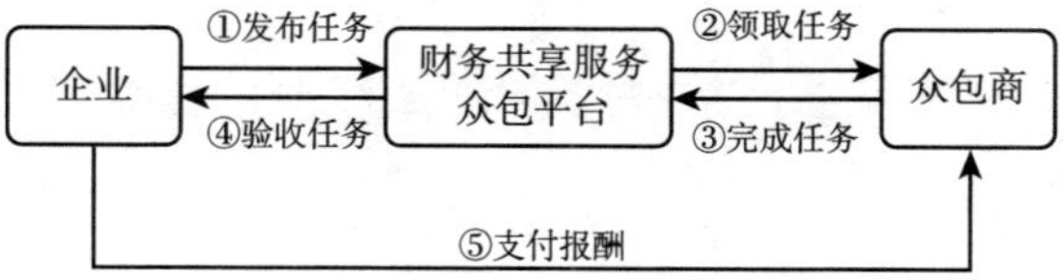

图4-8　财务共享服务众包平台流程

针对看上去很美的财务共享服务中心所逐渐显现出来的人员管理

冗杂、业务量不均衡以及重资产运营的缺陷，可以借鉴众包的理念。引入众包模式后，将带来财务共享服务中心内部高素质员工的二次解放，使他们摆脱会计加工厂的简单重复性劳动，能够将更多的精力和时间放在分析财务共享服务中心的数据上，参与管理会计工作，进一步推动企业财务管理的转型。

三、总结

我们可以看到，“互联网+”与会计的跨界融合，正在改变着传统会计行业古老而厚重的面貌，迎来了一个新的会计时代。在各行各业转型升级的浪潮下，会计也将借助“互联网+”的翅膀，通过连接、平台、共享、数据以及智能化，完成会计作业方式、管理方式的深层次重构，实现业财融合，进而推动企业财务的转型。

“互联网+”引爆会计革命是事实而不是可能！

核算型会计一定会被替代吗?

扫码观看视频

在我面向社会授课的过程中，很多学生问过这样一个问题：老师，您总是说财务转型，会计核算是低附加值的业务内容，那么核算型会计真的会被替代吗?

首先，我想这种担心是有一定的背景的。

第一，大家会看到，很多大型企业集团目前正在建设财务共享服务中心，甚至逐步成为一种趋势。财务共享以极致的标准化、流程化、规范化、信息化，大大减少了会计核算人员，使大量核算人员从低附加值、重复性的业务劳动中解脱出来，去从事更有附加值的管理会计工作。即社会不需要那么多核算型会计人员了。

第二，当前智能技术的应用在会计核算上十分普及，2017年，德勤提出的RPA财务机器人，使传统的会计核算人员面临失业的危机，而今天RPA在财务共享的应用已经十分普及。此外，像智能审核、智能报销、智能档案、自动对账、一键出表、一键报税等都已经十分普遍。凡是重复性非常强，流程化、标准化程度非常高，又容易产生大数据的地方，智能化的应用场景会越来越普及，这使本来就集约的财务共享进一步面临减员的必然趋势。当ChatGPT出现时，更会让财务人员面临更大的危机。因为新技术本身加速替代了人类劳动，记账、算账、报账型的会计核算业务就位列其中。

第三，政策文件的驱动。财政部早在几年前就已经提出大力发展管理会计的指引，这也促成了众多企业财务转型的趋势。会计人员走向管理，懂业务、懂沟通，善于运用业务的语言而不是财务的语言讲财务的故事成为一种趋势。要求财务人员支撑战略、支持决策、服务业务、创造价值、防控风险，也会导致会计核算人员面临危机感。

第四，财务人员自身职业的局限性。很多财务人员在评高级会计师和正高级会计师的时候，发现自己不擅长写作，不擅长表达。业绩材料干巴巴的都是与核算相关的准则、制度，更不要提参与管理会计信息化与智能财务的建设。

以上四点是会计核算人员产生危机感或者焦虑感的主要原因。

对此，我的观点是：

第一，从职能上来说，会计核算仍然不可或缺，不管是集中核算还是财务共享，都为财务组织发挥更大的作用，搭建了重要的组织基础、规则基础、流程基础与数据基础。尤其是为业务型会计、战略型会计作用的发挥搭建了很重要的数据决策基础。会计核算人员仍然需要，只是不需要那么多了，因为许多重复性、可流程化、大数据较多的工作已经开始被信息化和智能化所替代了。

第二，核算型会计不是消亡，而是转型，它将被更集约、更智能的形式所替代。当前大型企业集团需要纺锤型人才结构，改变过去的金字塔型的会计人才结构，并且需要更多深入业务一线的会计人员，也可以说是业务型财务人员或者项目财务。这些人需要更强的沟通能力、影响能力、运营能力、数据治理能力、分析能力以迎接和满足业务的服务需求，而不仅是管控。

第三，虽然我们看到了大量的智能化应用，但我坚信仍然不能代替人的决策复杂性，这些经验还难以通过信息化或者智能化固化下来，至少目前还为时尚早。尤其是对组织行为的分析以及数据分析后的应对措施，仍然需要人类的智慧，这也对核算会计人员提出了更高的要求。

因此，以上问题的关键是核算型会计人员能不能接受改变，不能接受，就必然被淘汰；能够接受时代的需求变化，就能很好地适应。因此，核算型会计人员要认清未来的发展方向，及时转型，补充自身知识的不足，找准定位。

ChatGPT 再次引发会计人员的焦虑

扫码观看视频

作为会计从业者，是否有一种焦虑感，这种焦虑感的来源就是ChatGPT太火了。它是什么，我想众多的讨论已经太多了。它能够通过学习和理解人类的语言来进行对话，还能根据聊天的上下文进行互动，真正像人类一样来交流。其相关的专业知识我在这里就不再赘述了。

这款聊天机器人，打败了程序员，对IT、文字创作、新闻、助理律师、金融分析、基础教育、财务等诸多职业领域所产生的冲击，引发了人们的焦虑。

2017年RPA的出现，就已经引发了一轮焦虑，当时会计从业者们非常害怕自己会被机器人所替代。2023年ChatGPT再次引发热议。

我想每一次新技术的发展都是对会计的推进，是对会计职业向更高级的、更具有附加值转型的推进，而不是取代。人工智能的发展经历了弱人工智能向强人工智能的发展，RPA是一种弱人工智能，其实质还是一种自动化技术。

而自动化所取代的是机械、重复性、碎片化、流程化、标准化的会计工作。目前看，应用最多的仍然是智能审核、智能核算、智能报表的生成和自动报税等低端的会计工作，其应用也大多体现在大型的、具有一定规模的、票据使用量大、可以体现成本效益原则的企业集团和行政事业单位。

就ChatGPT目前技术的应用来看，其实质还是对低端工作的一种强化，一种提升。它会把财务人员从银行对账、月末入款提醒、进销项差额提醒、增值税验证等工作中解脱出来。当然，它也对未来的财务报告、财务分析报告、内部控制评价报告、审计报告的撰写形成了一定的冲击。但是，它最多只能撰写一个初稿，还难以取代一个经验丰富的高端会计师和审计师。

必须看到，新技术不可能改变会计获取信息、处理信息、储存信息和传输信息的本质，但能加强这一过程的能力和提升信息的利用价值，其这个本质没有发生变化。

因此，我们应该学会拥抱新技术，而不是焦虑，应该学会改变，而不是放弃这个职业。会计还有很多问题没有解决，例如，业财融合问题、数字化转型问题、会计信息的实时性问题、决策的智能化问题等等。当然，ChatGPT学习能力的加强，确实可以推进这一速度，我们必须正视这一改变，并逐步在会计教育上做出回应。

这一点，会计教育界已经在改变。但理论结合实践的能力、现行的考核机制还有很多配套的改革没有跟上，技术走得快了一点，但肯定无法取代复杂的人类思维模式与日常的沟通以及人性的很多东西。机器人真正取代人类及会计职业的工作，还很遥远，不必焦虑。

当然，我们也提醒会计从业者们，当你的工作是依靠机器的，那就能够被机器所替代。这就要求会计从业者们必须努力去从事更加高端的会计工作，推动自身及组织进行转型。那些复杂和比较难的会计工作，就是机器难以取代的会计工作。

生成式AI导致的会计失业真的会发生吗？

在我坐飞机的旅途中，无意间看到一篇文章《AI失业》，真的会发生吗？由此联想到会计职业，激发了我的阅读兴趣。今天把这篇文章介绍给大家，供大家讨论。

文章认为，2022年发布的聊天生成预训练转换器（ChatGPT）等语言生成式AI，以及稳态扩散模型等图像生成式AI的出现，使AI的利用门槛降低，人人都可以对之进行简单操作。生成式AI使创意经济成为可能，让创意立即转化为产品。即使不擅长绘画、没有设计感，任何人也都可能成为创作者。创作者通过互联网等平台出售创意作品的"创作者经济"将加快发展。另外，由于单凭寻常技术难以与AI竞争，艺术家靠本事吃饭将更加艰难。不只是艺术家和事务员，还有会计师和税务师等需要资格认证的职业，新闻工作者和研究员等，几乎所有白领都不可避免地受到生成式AI的影响。机器人完全不如人的手指灵活，甚至连从仓库货架上拿出商品、将收获的蔬菜装入包裹这样的工作都不能胜任。蓝领岗位人手短缺问题将继续存在，而白领岗位用人需求将减少。那么，"AI失业"真的会发生吗？

2013年，英国牛津大学的卡尔·弗雷和迈克尔·奥斯本发表题为

《工作的未来》的论文。论文指出，美国47%的劳动者从事的职业可能在10至20年后消失，由此引发了关于“AI失业”的讨论。

很多人反驳称，一种职业有多项业务内容，AI等IT技术夺走的是其中一小部分任务，并非大部分，因此很难出现职业消失的情况。

尽管历史上出现过马车夫和电话接线员等后来消失的职业，但实际上职业消失并不多见。更频繁发生的是，各种职业用人需求的减少。例如，随着自助结账普及，超市收银员岗位需求减少。即使职业不消失，若岗位需求减少七成，也会发生严重的技术性失业问题。我们应该重视的并非职业是否会消失，而是岗位需求将在多大程度上减少。

关于“AI失业”的讨论，另一个具有误导性的观点是，可取代人的AI可能夺走就业机会，但增强人类能力的AI非但不会抢走工作，而且会提高生产率。如果引进AI新机器提高效率，让一个人可以做三个人的工作，那么另外两个人可能被解雇。

因此，农业和工业人口长期持续下降但引进新机器带来的效率提升所造成的失业到目前为止还不是大问题，因为劳动力已经转移到其他行业。农业效率提高后，剩余劳动力流向工业，工业效率提高后，剩余劳动力流向服务业。“技术性失业”通过“劳动力流动”得到解决。

在IT技术使服务业效率提高的今天，人们应该去哪里的问题也随之出现。进入21世纪，美国出现的现象是，旅行社和客户服务中心的工作人员因IT而失业，他们纷纷转行当清洁工和护理人员。总之，服务业内部正发生劳动力的流动，一部分人由白领向蓝领转变。因为在很多情况下工资会下降，美国薪资中位数增长缓慢。此外，金融科技热潮兴起，AI导致资产管理顾问和证券分析师等专业岗位用人需求减少。由于金融行业主要涉及数据，因此适合用计算机处理。当时对于很多金融行业之外的白领来说，AI的影响似乎还很遥远。

但生成式AI将威胁所有与文字和图像打交道的职业，几乎覆盖所有白领岗位。今后，白领是被迫选择转为蓝领、发挥AI所缺乏的能力？还是甘愿接受失业的结果。当然，蓝领工作也不是永远安全。最具象征性的是不需要驾驶员的全自动驾驶汽车的普及，卡车、出租车和公共汽车司机岗位用人需求将减少。无论如何，未来一定会出现就业明显不稳定的情况。

一直以来，当新技术产生变化，从阿尔法狗到生成式AI，会计专业的学生、教授以及实务部门的从业者们似乎一直在担心会计职业的生死存亡问题。这种担心是好的，证明我们一直拥有一个不断追求卓越的思维。冷静下来，我们需要思考一下这种进步到底改变了什么？没有改变什么？需要我们自身做出哪些改变？

从人类历史关于技术发展的历程来看，技术改变的核心是效率。最早是农业效率，后来是工业效率，现在是服务效率。因为人们一直期望以较小的成本、较高的效率享受更大的福利。相信，AI的改变也是如此。AI让会计职业活动中最为烦琐重复的工作得以减少，甚至消失，从而大大释放更多的低附加值劳动力。例如，资金的收付环节、票据的传递和审核环节、报表的编制与生成分析报告、报税环节与税务报表的编制环节、审计中的抽样与函证环节、自动预警与风险报告环节、合规审核与提示环节等等。尽管，当前发明了生成式AI，但其在会计职业上的应用还为时尚早，毕竟会计职业的创意性场景还没有那么多，工业经济的会计效率问题，还没有得到真正解决。

现在大型企业集团推动的加强集团集中管控，推动业财流程融合与数据融合治理，其实还是在解决工业经济的效率和会计有用性问题。真正在管理者驾驶舱、BI展示、管理会计报告、个性化的财务分析、精细化的财务成本管控等方面还是后端的事情。前端还没有解决好，后端的生成式AI的应用，必然是毫无意义的。分析也是瞎分析，解释也是瞎解释，因为数据都不准确，显然就会误导管理者和使用者。

因此，目前你觉得最浪费人力和低效率的地方，还是人类试图利用新技术改变的地方。这些确实会随着技术的进步，逐步得到取代，也就是说，会计职业不需要那么多人了。因此，不是会计是否失业的问题，是会计职业人才结构和职能结构的调整问题，社会需要的是管理型会计、增值型会计、服务型会计，而不是操作型会计。会计职业不会消亡，而是转型。我们要拥抱新技术，改变会计职业的人才结构，而不是取代会计职业。就好比，社会仍然需要律师、医生、教师这些职业一样。

会计是在一定社会关系中产生的，会计职业道德代表了诚信，推动业财融合使会计更能够加强管控，体现会计服务于管理和价值创造的能力。试想一下，会计人员每天加班熬夜到底为了什么，其结果还是那些低附加值成果的生成，大多是操作性的。技术的应用是要改变会计职业的性质，让他们去从事数据分析、服务业务、支撑战略、创造价值、管控风险的工作，这也就为高校培养什么样的会计人员提供了方向，为从事会计教学的教师指明了方向。如果学校培养的依旧是操作型的技术工人，未来肯定会被替代，这是需要看到的趋势。

财经类高校以及综合性大学的会计专业的学生是最多的，从事会计教学的老师也是最多的，有的学校甚至多达上百名。社会是否还需要培养那么多会计从业人员，这是值得思考的问题。

谈人工智能与会计人才培养

扫码观看视频

无论你是否愿意接受，人工智能的时代已经来临，只是人工智能在目前很多时候扮演了幕后的角色。未来已来，未来也是一个崭新的、颠覆性起点。工业革命将工人变为这个国家的主流，而信息技术革命却又将大部分工人变为了少数，使知识工作者成为信息化社会的主流。

未来5—10年，很多标准化、常规性、重复性、低附加值、思考少于5秒、不断追求效率的工作，如各种收费员、保安、前台、护士、翻译、打字员、会计核算员及出纳等将随着人工智能技术的应用需求大幅减少。未来社会很多传统职业将面临就业危机，很多从传统教育环境中走出来的年轻人，一毕业就面临着失业。人们需要通过教育革命来应对失业危机，完成传统职业劳动力的转型。

从各种媒体报道以及财务机器人出现所引发的讨论来看，人工智能对于会计职业的冲击很大。它可以替代财务流程中的高重复性以及占用大量劳动力的手工操作环节，管理和监控各个自动化的财务流程，自动录入信息、合并数据、汇总统计，也可以识别财务流程中的优化点，实现更高精准度的计算与判断等，甚至这种应用还在不断地深化。

人工智能未来还会在大数据利用上更加深入，它可以部分地代替财务管理专家工作，识别组织存在风险，通过分析帮助企业进行决策和未来规划，逐步构建出智能财务决策支持系统。这也就是为什么国家要取消会计从业资格证了。而只有新型的会计职业从业人员，才能适应这个智能化时代，也只有改革会计教育模式，才能培养出新型会计职业人才。而培养新型会计人才需要时间，会计教育变革应率先启动，而不是会计实践工作的革命先于会计教育的变革。

一、会计教育需要从智商、情商的教育走向培养智能商数教育

智商的教育不难理解，情商的教育也让许多教育工作者认识到，未来进入社会的会计从业者，不仅是简单的会计核算技术处理，更重要的是处理好与管理者之间的关系，与业务之间的关系，与企业外部各种利益相关者之间的关系，因此情商也就成为这一时期会计从业者要求的必备能力。而人工智能时代，会计从业者不仅要有智商和情商，还要具备人工智能的商数。

所谓高智能商数，就是指擅长利用智能机器并与智能机器互补。因为它需要处理的是人与人工智能产品之间的关系。原来的人与人之间的合作，可能会变成人与人、人与机器人之间的协作。人工智能往往善于处理内容单一化的任务，而不擅长处理多元化的业务，而人类应该发挥多元智能的优势，形成对人工智能的补充。加上人类所具有创造力和复杂的沟通能力、持续与快速的学习能力，将会形成人工智能时代下新型会计从业者所具备的素质要求。也就是说，人工智能时代，人类并不是一无是处。最重要的是，人类的能力素质必须发生变革，因为人类所具有的特殊情感、创造力、沟通力、不断探索与快速

学习的能力，要比人工智能做得更好。会计教育应该在这个时代好好地反思一下，应该增加什么样的能力素质课程。

二、将智能化引入会计教育课堂

每一次时代的转型，本质上是一次新知识体系塑造和能力培养的转型。将智能化引入会计教育的课堂，目的是让学生对智能化产生兴趣，并对智能化在会计中的基本应用产生兴趣，学会利用智能化，分析新型会计劳动力在智能化应用中的角色定位。

引入智能化教育，不是单纯地向学生传授那些可能被机器人取代的技术问题，而是设法通过教育和训练，提高学生对于智能化应用的创造力和问题解决能力。

在过去的分工型工业社会下，我们所接收的信息大多都是分散的。人工智能擅长处理的是单一任务，大多是定量化、标准化、可数据化等的数据信息。而富于创造力的新型会计职业劳动力，应学会利用人工智能技术所处理和形成的数据信息，发挥多元技能去处理更加定性的信息。未来智能社会的主流工作模式将是会计人员的智慧加上机器的智能，也就是定性加上定量，以此发挥会计在新型社会中的价值。

人工智能也要求我们在教学中布置的作业不是单纯地回答问题，更重要的是让学生提出一流的问题。智能化的应用可以帮助我们寻找答案，但无法帮助学生提出有价值的问题，因此会计教育的重心，应从回答问题的价值转到提出问题的价值。应该让学生充分发挥想象力和分析能力，鼓励他们向教师提问，鼓励他们彼此之间提问，形成有价值的问题，再学会利用智能化去解决问题。会计专业学生的多元技能不是仅仅掌握会计领域的专业知识，而是运用相互联系的知识网络，用多学科并用的方式思考。

在人工智能社会，未来的新型会计劳动力也是知识工作者，高校的教育应该将他们训练得更加具有职业道德，训练得更加客观，并且拥有更多学科的知识。

三、会计教育仍要帮助学生持续改进沟通能力，提升信息处理的效率效果

人类彼此之间的协作并没有因为智能社会的到来而变得一无是处，甚至在智能社会下，这种协作还在不断拓展，产生了新型智能社会下的人与机器人之间的协作。培养学生的沟通合作能力，有助于增强与智能机器之间的竞争与协作能力。新型会计职业的劳动力应把机器人当作合作伙伴，把人类智能与机器智能完美结合起来，实现最强竞争力。

此外，会计的本质是信息系统，会计要解决的核心的问题是如何提供高质量的信息。未来的信息是经济社会的核心资源，信息处理要达到最佳效果，就需要对信息需求者做出深入理解，根据需求标准提供信息产品和管理会计服务，这正是需要复杂的沟通能力来解决的，而复杂的沟通能力又恰恰是人工智能的缺陷，人类高级智能的表现。

四、培养面向未来的ABC型会计人才

百度的首席执行官李彦宏曾经对他的财务总监说："我认为世界上有三种财务ABC。A是auditor，审计；B是banker，银行家；C就是controller，是对整个业务有掌控能力的人。"我想这也是一个管理者对于财务人员的期望，也是体现财务体系价值的三个方面：

A（Auditor）：即财务人员可以像审计人员进行风险管控，可以像

眼睛一样及时识别业务所面临的风险。

B（Banker）：财务人员要懂金融，今天要求大型央企建立企业司库，就是需要传统的资金流动性管理走向投融资、并购、证券市场、以体现财务的资本运营功能。

C（Controller）：强调财务人员拥有掌控能力，可以根据掌握的数据发现问题，提醒决策者，辅助决策者权衡利弊做出判断。

五、注重持续与快速学习能力养成

大学会计教育本身就是一种通识教育，也是在为会计职业的终身学习做准备、打基础。人工智能时代的信息社会的变化远远快于互联网时代，除了终身学习之外，快速学习又成为一种必需能力。只有具备快速学习的能力，才能快速适应，及时改变。而快速学习能力的养成，要求在会计教育中养成学生主动搜索能力、各种知识的链接能力和创造力。人工智能时代的会计从业者不仅要学习如何利用人工智能技术，还要向人工智能学习，这对快速学习能力的要求更高。

到底什么是数据中台？

扫码观看视频

有一段时间，中台的概念很流行，有很多不知情的单位或者组织在盲目地推崇这个概念，要着手建数据中台，财务建财务的数据中台，业务建业务的数据中台。那么究竟什么是中台，中台与平台有什么区别?

中台的关键是复用、共享、联通、融合和创新。联通是前台以及中台之间的联通，融合是前台流程和数据的融合，并以共享的方式支持前端一线业务的发展和创新。

中台体现的是一种企业级的能力，提供了一套企业级的总体解决方案，解决了整个业务域、整个集团甚至是生态的能力共享、联通和融合的问题，支持业务和商业模式创新。

中台是为前台而生的平台，其最主要的目的是更好地服务前台，进而更好地服务用户，使企业将自身能力与客户需求进行有效的对接。

中台可以分为业务中台、数据中台和技术中台。一般我们接触最多的是数据中台，它可以提供数据采集、数据模型、数据计算、数据治理、数据资产、数据服务等产品、技术、方法论服务。

中台架构事实上是企业IT架构的一种形式。企业经过多年的信息化发展，可能出现了大量竖井式的应用，带来了IT的复杂性，其中一个重要的表现就是过载，这造成一个内部员工的工作，可能会涉及多个应用，这些应用运行在不同的架构、不同的操作系统上，不足以支持业务的敏捷性和创新发展。为此，我们通过IT架构的转型升级来降低IT系统的复杂性，提升敏捷响应的能力。

现实中，虽然没有建立中台，但企业大多已经形成前台和后台的架构。前台以客户为中心，直接创造价值，前台强调的是敏捷和创新，后台是提供管控决策的支点，间接创造价值；前台好比多个小直径，高转速的齿轮，后台是大直径、慢转速的齿轮；前台要求个性化、差异化、定制化需求，后台需要稳定有序。按理说，前台与后台实现了对价值创造的有效协作和分工。但事实是，前台与后台的齿轮转速经常出现失衡、脱节与失配的问题。对此，任正非认为，我们前方的作战部队只有不到三分之一的时间用在搜索目标和将机会转化为成果上，大量的时间用于频繁地与后方的沟通上。

中台，恰恰就是为了解决这个矛盾而出现的。和传统的IT架构最大的区别在于更加贴合业务架构，是百人百面、千人千面的解决之道。

中台存在于敏捷的前台与稳定的后台之间，就像为前台与后台添加了一组变速齿轮，不断地调试前台与后台的速率。将后台资源顺滑到前台，通过复用、端到端的服务能力解决变化相对缓慢的后台保证数据的稳定，通过搭建模块化、组件化、共享化的敏捷服务中心，借助各种多元化、精细化的组件，使前台可以像搭积木一样调用中台的业务组件来编排业务模块，创新业务就可以像乐高积木一样搭建起来，实现业务的敏捷服务能力。

中台可以干什么呢？（1）实现服务共享与业务创新；（2）提升客户感知力与数据洞察力；（3）实现安全稳定可靠运行；（4）提升软件研发效能。

我想，其对财务的价值在于，通过中台建设，可以复用和共享业务与财务数据的程度，快速响应并有效赋能前台，大力提升数据分析与决策能力。

中台概念提出以后，很多企业开始对标进行建设，但也出现了很多的误区。很多企业将传统的企业大平台战略等同于中台。前者只是解决了将通用的公共能力独立为共享平台，通过API或者数据对外提供公共共享服务，解决重复建设问题，但这类平台并没有实现和企业内部其他平台或者应用，实现页面、业务流程和数据从前端到后端的全面融合。没有将核心业务服务作为一个整体地去考虑，各个平台建设还是独立且分离的。也就是说，这仍是平台建设而不是中台建设。中台更多的是一种理念的转变，当然中台也离不开平台，它是平台化的一种延伸，是在现有平台化基础上的中台化改造。

当然，需要明确的是，中台不是一套软件，也不是一套服务器，中台也不能盲目跟风，中台是一种思路，一种方法论和公共能力的下沉。是由于企业建立了好多“烟囱”，需要整合，以解决重复使用、流程没有互通、数据没有统一归集的突出问题。

中台也是一个持续投入、持续建设的过程，是企业已经经历了从0到1的过程。对于信息化基础建设不好、资金实力有限、专业力量不足的企业，还是应该认真进行评估，想好再投入，盲目建设只会适得其反。尤其要注意的是组织架构的调整和责任权限的分配，如果边界没有厘清，更会产生很多矛盾和冲突。

中台需要自上而下地驱动，一把手不重视、不参与，肯定会失败。高层的支持是建设好中台的第一必要条件。

未来企业的打造应该是：个性化前台，标准化中台，效率化的后台。

数据中台：让财务数据用起来

扫码观看视频

为什么要写这篇文章？源自当前财务数字化转型问题和管理会计的应用发展问题。当我们要求财务管理发挥支撑战略、支持决策、服务业务、创造价值、防控风险的作用时，直接面临着现状是：IT时代，企业的信息系统建设大多是从各自所在组织及功能单元的需求出发独立建设完成，于是出现了“数据孤岛”与“数据烟囱”问题，导致数据割裂，难以实现数据贯通，进而使要数据难、用数据难的问题十分突出，数据的利用价值自然大打折扣。DT时代，如何构建数据资产体系、释放数据资产价值成为企业数字化转型的核心，数据中台问题由此应运而生，数据中台对于财务的价值分析有以下几点。

一、为管理会计提供数据支持和服务

管理会计决策作用的发挥依赖于数据的质量，这种数据的质量不仅取决于财务数据的真实性、完整性，更依赖于业财的数据融合。IT时代所形成的业财分离问题，成为管理会计作用发挥不明显的原因之一。财务数字化转型的最大障碍也是业财数据的不融合问题。

从数据中台建设的背景来看，它解决了散落的业财数据整合于一个统一的平台问题。该平台可以确保同一类或同一个数据来源是唯一的，其他系统可以把这些数据复用、共享起来，使以此数据产生出来的后续处理的数据结果具有准确性、唯一性。同时，其他系统不必为取得同一个数据再做重复的工作，节约了时间和成本。

基于数据中台架构，会计信息系统可以更高效率、更低成本地获取所需的数据，进而使数据在互通和共享的基础上实现重复使用。利用数据中台的能力将管理会计基于历史数据的分析转向基于未来的数据预判，从过去依赖于管理人员的个人经验的决策转向自动化、智能化的决策，从而为企业运营管理增值赋能。

二、让财务数据用起来

数据中台的使命就是让数据用起来。数据中台同样可以使财务数据作为生产资料融入业务价值的创造过程中，并持续产生价值。当出现新的市场变化时，需要构建新的前台应用时，数据中台可以迅速提供财务数据服务，让服务业务化，敏捷响应业务的创新。

三、解决了财务共享服务的未来数字化转型问题

当前，建设企业集团财务共享服务中心是一种潮流。这主要是因为基于集中、流程再造基础上的财务共享服务中心建设体现了加强集团财务管控、提升会计核算效率与降低会计核算成本的突出优势。从数字化的理念来看，是建设了一个集中、共享的财务数据平台。

但建设完成后的财务共享最为突出的问题是如何基于财务共享为业务型财务与战略型财务提供真正的服务。而这种服务的实质是数据

服务。显然，目前大多数建设完成后的企业集团财务共享服务中心的数据质量现状难以满足这种需求。

数据中台的建设思路同样有利于财务共享服务中心的数字化转型。对此，我在这篇文章里提出了财务数据中台的概念。

数据中台是财务共享中心的数据服务工厂，可以完成从数据到价值的加工过程，通过抽象和生产数据服务，更快地影响并改变业务行为，其核心价值是将数据服务直接嵌入到财务共享中心的交易系统中，实时通过数据洞察来改变业务流程，将传统的数据服务模式从事后管控变为事前评估。

四、为智能财务搭建了数据基础与应用场景

智能财务的实现依赖于数据、算法、算力三个要素。数据中台建设形成了丰富的数据集市，从整个信息系统架构的高度，在财务数字化转型与智能财务之间搭建了连接桥梁。未来在数据中台的基础上，通过人工智能技术的深度场景化应用增强数据思考的能力，这将有利于进一步构建数据智能，提供丰富的算法，通过业务数据化决策场景化，为决策者的科学决策提供有价值的服务信息，反哺于业务能力的快速创新与灵活应对，实现真正意义上的智能财务。由数据中台所实现的数据能力是实现智能财务的基础，它通过内外部数据的深层次洞察获得的新的商业机会捕捉风险，再通过智能分析技术构建不同部分不同领域的数据模型来实现数据的可视化，优化企业的财务决策与商业决策。

基于财务共享服务中心建设数据中台的路径，我认为，企业数字化转型的路径有三个：发起于业务端、发起于IT端和发起于财务端。为此，要提高三个能力：提高数字服务能力；提高服务于业务的敏捷能力；优化客户的服务体验能力。

第五篇

内部控制与内部审计篇

FIVE

CHAPTER ▶

论制度、流程与内部控制

扫码观看视频

古人说，欲知平直，则必准绳；欲知方圆，则必规矩。依法治国，大至国家，小至部门、班组，都要建立制度或者规矩。要将权力关进制度的笼子里，建立不敢腐、不能腐与不想腐的长效机制。那么，如果来正确认识制度呢?

给大家讲一个分粥的故事。

在一个荒无人烟的小岛上，有七个人组成了一个小团体共同生活。七个人每天面对一锅粥，如何制定分配制度呢？他们提出了五套方案：

一是大伙指定一个人来分粥，分粥者总是给自己多分。

二是选出了一个分粥委员会来分粥，分粥委员还是给自己多分。

三是在分粥委员会的基础上，成立一个监督小组，结果是委员会与监督小组，争论不休，反而分不下去。

四是大伙轮流分，分粥者结果也还是给自己多分，多寡不均。

五是大伙轮流分，但制度规定分粥者必须最后一个取走，结果发现粥分得最为公平，最有效率。

一、制度的破窗效应

人之初，性本恶。自有人类社会以来，人性的表现大多是自私的，如果没有制度约束，人类社会将停留在人与人作战的丛林时代，适者生存。这就是为什么有人的地方就有矛盾。而一个人的世界里，则不需要制度。所以很多人寻求远离人群，寻求所谓的真空世界，但事实上很难存在。有人类社会，就有了人与人之间的交往，也就有了制度，制度起源于人的群体性交往。

虽然社会制定了各种制度，但是人们执行制度的自觉性是很差的；制度往往成为人们装进柜子里、贴在墙上、口头上的制度，执行时大打折扣。制度的制定往往是以问题为导向的，具有明显的目标和结果倾向，其导致人在其中发挥了很大的作用，人们自利的本性使制度执行的目标难以实现，制度制定的随意性特征会导致治了这儿伤了那儿。执行过程中，一扇窗户被打破，如果不及时修复，很快就会有更多的窗户被打破，这就是制度执行中最为典型的问题——破窗效应。

二、制度管人，流程管事

那怎么办呢？这就要求加强制度的刚性约束力，将制度变为可以强制执行的流程。流程管理则通过岗位、职责、表单将制度变为可以执行的立体化矩阵式流程，将制度寓于其中。制度是对应着岗位的，流程负责的是运行。制度管人，流程管事就是这个道理。当然，流程可能一上来不好，但可以通过不断优化，最终建设成为一个大家普遍认可的流程。对比制度管理与流程管理，流程管理强调输入如何有效地转化为输出，其目标是如何把一件事情做得更好。制度管理则强调“什么事情不能做，做了以后有什么后果”；流程管理强调端到端、岗位到岗位的梳理与管理，制度管理则是因问题的需要而产生。由于制度是针对局部问题而制定，其完整性、体系性不强，难免出现重叠和冲突。如果制度不与流程相互结合就会造成规范与实际“两张皮”，业务的执行自然就会出现问题。

三、内部控制是制度系统化梳理与流程再造

内部控制又是什么呢，它是以流程为基础的、以风险为导向的制度系统化梳理与流程再造的过程。它与流程管理最大的区别在于，将不相容岗位相互分离、授权管理、分事行权、分岗设权、归口控制、强制轮岗、预算控制、公开制度等内控的方法设置在流程之中，以达到制衡的效果，并制定了明确的控制措施保证目标的实现。因此，大到一个单位领导，它强调决策权、执行权、监督权三权分立，小到一个具体的岗位，它强调流程化、标准化、规范化，并加强考核。因此，内部控制是目前为止最为系统化、结构化、稳定化、长期化的制度之一，也是流程汇总的有结构的制度体系。

因此，应该更多地考虑运用流程、控制的理念去认识制度，而不能仅停留在最原始的层面，否则就会带来制度的冗余、摆设和破窗效应。当然，许多人担心制衡越多、流程越多，会给本来简单的工作带来扯皮和效率的低下，这个担心不无道理。好比一个房间，上了几十把锁，每把锁的钥匙装在不同的人手里，只有这几十把锁同时打开才能进入房间，控制倒是控制住了，但是这样的安排必然造成极高的制度运行成本，转嫁到社会上，企业和百姓的交易成本会更高，这就要求我们不断地对内部控制进行优化，指出设计缺陷和执行缺陷，并不断完善。我们应围绕一套制度、不断优化其流程标准，而不是不停地出台制度，永远处于破旧立新之中，没有继承、没有经验固化，就会

永远处于变动之中。

综上，我认为，单纯的制度管理由于人的自利性容易形成破窗效应，制度以问题为导向，缺乏系统性和完整性，难免造成冲突和重复。而流程化管理则将制度与流程结合起来，形成制度管人，流程管事，各司其职。内部控制建设则是将制度变为流程，并将内部控制方法嵌入流程中强制执行的过程，三者之间的关系并不是相互否定，而是不断地继承、发展和完善。

再谈流程管理

扫码观看视频

一个公司要想实现数出一处，利出一处，就必须有适配业务和高效运营的流程管理机制。严格来说，流程管理是工业化革命的结果，其实质是要解决分工带来的效率低下问题。因为，分工容易造成“一个和尚有水吃，两个和尚抬水吃，三个和尚没水吃”的问题。因此，需要清晰化流程并且进行充分的职责划分。流程的本质是组织创造了一种机制，通过一系列可重复、标准化，并具有逻辑顺序的活动，将一个或多个输入目标转化成明确的可衡量的输出成果。流程可以有业务流程、财务流程、行政管理流程、人力资源管理流程等，凡是有管理的地方，就会有流程的存在，因此，流程管理也无处不在。

流程管理有利于员工从大量的低附加值、简单重复的工作当中解放出来。未来的信息化、数字化就是建立在流程管理的基础上。因此，一个组织在信息化之前，必须要先进行流程梳理和再造优化。在此基础上，再考虑数字化的问题。没有流程化，不会有信息化，没有信息化，就不会有数字化。

那么，何为好的流程管理？一个好的流程管理应该是从客户角度出发，对业务流程进行重构。一方面强调目标完成效率与敏捷度，另一方面强调有效管控与信息、数据流贯通。而组织架构和绩效考核，应该在业务流程做出调整后为流程运作的高效实施提供支持。从这一点可以看出，流程管理离不开组织架构的调整，更离不开绩效考核作为保障支撑，因此，仅仅进行流程管理还是远远不够的，组织架构必须做出调整，并且明确绩效考核。所以组织建立财务共享服务中心的目标就不是简单地加强集团管控，降低核算成本了，还应该是更好地以内部客户和外部客户为导向，实现高水平的服务。这种服务对内要实现支撑战略，支持决策，服务业务，辅助价值创造，防控风险，尤其要在业务的敏捷服务和管理创新上提供有效支撑；对外则要实现有效的信息披露，满足利益相关方的信息诉求。

如果流程管理要想完整系统地反映业务的本质，就应该以业务流程为基础，针对目标和客户为导向的责任人明确相应的岗位职责。流程应该为业务服务，对于多余的流程就应该进行简化，否则就会影响业务流程的效率。对此，世界一流的华为公司认为流程是为作战服务的，是为多产粮食服务的，不是为了走流程而走流程，否则流程就会成为形式。因此，华为针对从经营线索到回款业务流程上的经营痛点，制订了一套面向客户合同订单、打通回款收入、进行项目预核算的解决方案，使交易流程与财务流程有效集成，支撑以项目、合同信息流为中心的全面流程管理，实现内部履行采购订单与客户维度采购订单的一致性。华为非常重视开票与回款的铁三角建设，销售、融资等活动向前与合同负责人“手拉手”，向后与交付负责人“手拉手”形成稳定的三角形，并以此实施开票连锁责任制度。目前来看，采购订单的处理效率、合同配置信息的打通、计算开票金额三个问题是制约一线业务流程运作效率的关键，而其中最核心的是合同配置信息的打通，财务要协同IT部门将客户化的销售物料清单直接和基础物料清单进行转化，尽量减少全流程各环节的手工操作，甚至与客户的IT系统实现对接，有效支撑一线作战。

流程管理很容易偏离轨道。为此，在流程管理当中应该实行全面的财务管控。财务数据的真实性、完整性依赖于前端业务流程的规范和数据的清洁。对此，财务应通过参与业务来落实财务管控的要求，只有规范前端的业务行为才能提高财务数据的质量。当然也必须认识到，业务与财务必须共同承担数据准确的治理责任。业务应当把完整、准确、清晰的数据传递给财务，财务要按照制度规则和流程进行正确的处理，业务主管不应该干涉流程的运作，仅可以作为流程优化的发起人和提倡者。财务应该以服务的姿态，考虑建议是否合理，并及时修订流程，而不是一味增加流程，增加业务的工作量，或者仅是为了自身目的的完成，忽略了以业务为导向的核心目标。

此外，业务流程有效运行还要加强审计。审计的目的是要建立方法和培训，让干部发现或输出问题，让业务主管学会正确地做事，做正确的事。对此，审计还应学会对第一道防线的业务主管进行内控赋能，让其学会利用内部控制的方法论及时再造优化流程。因此，流程管理不仅是财务部门一个部门的事情。

总结来看，流程管理也是一个以业务为核心所形成的逻辑活动。财务、业务、审计以及对应的组织架构、绩效考核都应参与其中，以完成流程管理的优化和有效运行，并且各司其职。当然，数字化转型的背景下，流程管理的使命即将结束，数据管理跃然纸上。如何通过更多的新技术、运用数据的理念实现流程贯通与协调，成为未来我们面对的共同话题。

谈内部控制与风险管理

扫码观看视频

内部控制与风险管理是一个老生常谈的话题，今天分享给大家，并谈谈自己的思考和观点。

近年来，我们越发认识到，我们无时无刻不生活在一个不确定性的时代，这种不确定性也让我们认识到为什么这只“黑天鹅”还不飞走，为什么“灰犀牛”到处乱跑？恐怕这将是我们未来生活的一种常态。其实，不确定性常常在我们身边，只不过这次来得更加猛烈。有人也将当前这个时代叫作“VUCA时代”，其实就是为了表明当前时代的动荡性。人类和企业一样，要生存下去，必须适应这个充满未知和不确定性的世界。

我们唯有以规则的确定性迎接未来的不确定性，才能面对这个时代的挑战，因此，内部控制与风险管理显得十分重要。

一、内部控制的本质是从目标驱动走向流程驱动

内部控制本质上是流程管理，它将保证财务报告质量、业务合规和风险识别与应对的控制措施纳入流程，形成控制点、合规审查点、

风险点，进而实现同一个流程中不同控制标准的协同运作，其实就是制度或者规则的流程植入，以保证其能够得到有效执行。过去的规章制度是为了目标管理而建立的，目标管理是过去粗放发展或者处于发展生命周期阶段初期的企业容易出现的短期行为。目标管理的效果立竿见影，最大的好处是可以把客观的需要转化为个人的目标，通过“自我控制”取得成绩，且管理者能够控制自己的成绩。这种自我控制可以成为更强烈的动力，推动管理者尽自己最大的努力把工作做好。目标管理虽然容易发挥个人的主观能动性，有利于将组织目标与个人目标统一并得以高效地完成，但也存在弊端，它具有短期行为，是一种“能人”治理的模式，目标实现的同时也伤害了组织现存的制度体系与流程体系，其结果往往胜者为王、败者为寇。此外，在纵向的层级管理上，目标管理可以保证目标的实现，一旦涉及横向的协作与配合，就会出现互相推诿与扯皮。

与目标管理相对应的是流程管理。从流程管理的发展来看，其历经了制度化、程序化、标准化的演进过程。制度化保证所有事情有法可依，程序化保证所有事情有章可循，标准化保证所有事情有标可对。但无论是哪个阶段，流程管理的核心是不变的，其突出特点是注重过程控制，即强调从过程设计的科学性和有效性，到对过程中发生问题的及时反馈和果断处理，再到对设计的及时调整这一闭环的管理精细化，要求细化到每一个业务流程、每一个操作单元（或作业单元、工序）、每一项影响业务流程运行的因素，强调通过对相关过程、环节的有效严格管理和控制，杜绝错误，实现组织既定目标或任务。我常常把这个过程用“管理制度化、制度流程化、流程岗位化、岗位职责化、职责表单化、表单信息化”去表示。这“六化”基本上说清楚了内部控制建设的过程，也表明了一个道理，信息化之前先要做流程再造，否则仅从需求入手的信息化，是线下问题搬到线上。内部控制的流程再造区别于一般控制的流程再造在于其植入了内部控制的方法，这些方法包括不相容职务相互分离、归口控制、表单控制、授权控制、安全控制、公开控制、会计控制等，使原来以目标为驱动的流程更加容易落地实施，更容易管控过程中发生的风险，更容易划分部门职责与岗位职责 提升效率，避免扯皮。

整体来看，内部控制将目标管理的制度、规章真正得到了落地，并且限制了管理层的权力，避免出现真空现象。但此时内部控制所生成的手册，让我们认识到路程驱动是人的主观经验的固化，是一个标准化、程序化的过程，这个过程最终需要通过信息化固化。

大多数企业的业务部门认为，内部控制限制了业务效率的提升，甚至是一种障碍，虽然我们一再主张又快又好地发展，但显然以目标为统领的业务是不关心这些的，这就要求内部控制的价值要体现在业务经营成果的改善上，将内部控制的细节融入业务的细节中，细化控制目标，并不断评价。至于评价方法，除了常规性的内部控制评价，还要有点对点的内部控制优化。

二、风险管理的本质实现了流程驱动向价值创造驱动的转变

风险是不确定性对目标产生的影响。风险管理区别于内部控制在于风险管理涉及的风险不仅包含了内部控制所识别和进行控制的风险，还从内部延伸到了外部，业务层面延伸到了战略层面，可识别可控延伸到了不可识别不可控的范畴，尤其是风险体系中的不可识别不可控制的风险仅能采用风险管理的策略去实现。这个解释会让我们明确内部控制与风险管理的关系：内部控制是风险管理的重要组成部分。

如果说以前的内部控制更多是为了提高流程管理的效率，统一

规则，清晰划分岗位职责，针对可识别风险采取有效的控制措施，那么风险管理则实现了价值创造驱动。水至清则无鱼，越是充满不确定性的未来，越是充满创造价值的机会，风能让蜡烛熄灭，亦能使火燃烧得更旺。风险是一把双刃剑，往往不确定性的地方恰恰就是价值的来源。

企业最大的风险源于战略层面。因此，内部控制八要素的框架与五要素的框架相比较，最大的特征就是强调了战略目标。许多人没有看到突出战略目标实现是受到外部影响的事实，而简单地认为是内部控制框架的延伸，甚至错误地认为风险管理是内部控制的一部分。其实，八要素的框架是为了融合内部控制与风险管理，实现企业一体化的运营。战略失败是企业彻底的失败。战略风险是指不能正确识别外部经济环境、政治环境、行业竞争环境、市场环境的变化，而做出错误决策的风险。许多因素都是企业难以通过控制措施规避甚至消除的，只能正确认知和评估。它往往会与企业决策者、管理层的风险容忍度有着极大的关系。为什么要关注文化，就是要看看管理层对待风险的态度，这将影响到企业的方方面面。

内部控制、风险管理、合规管理应走向一体化

扫码观看视频

随着2006年国资委发布《中央企业全面风险管理指引》、2008年财政部等五部委发布《企业内部控制基本规范》、2018年国资委发布《中央企业合规管理指引（试行）》等三个体系化的监督文件，中央国有企业内部开始出现三套人马、三套体系落实这三个文件。这三份文件出台的时间和背景各不相同，给企业风控等工作也带来不同的视角。从资源集约化发展、避免浪费的角度来看，如何减少重合或重复工作、简化操作流程是统筹三者的主要因素。三个体系面临着从制度、流程、运行机制、工具、平台甚至人员的技能等方面一体化整合与建设问题。

对此，2015年12月，国资委在《关于全面推进法治央企建设的意见》中提出“探索建立法律、合规、风险、内控一体化管理平台”。2019年10月印发的《关于做好2020年中央企业内部控制体系建设与监督工作有关事项的通知》指出，要以“强内控、防风险、促合规”为目标，建立以内控体系建设与监督制度为统领、各项具体操作规范为支撑的“1+N”内控制度体系。2020年6月，国资委下发《关于开展对标世界一流管理提升行动的通知》，明确提出“构建全面、全员、全过

程、全体系的风险防控机制”。2021年11月，《关于进一步深化法治央企建设的意见》提出，探索构建法律、合规、内控、风险管理协同运作机制，提高管理效能。可见，三者的融合是有据可依的，也是监管部门的法定要求，更是中央国有企业及地方国有企业未来将面临的一项长期工作任务。

如何实现整合和一体化建设呢?

一、应该做好一把手理念的宣传工作

一体化建设最大的难点是组织层面的一体化。这三大体系的协同融合应以风险为导向，以合规为底线，以内控为手段。如何从决策层、管理层、执行层、监督层四个层面搭建合规一体化管理组织架构，将一体化管理要求有效嵌入到企业决策、经营、管理各个环节，形成各司其职、各负其责、紧密配合、协调联动的合规一体化管理组织体系，这将是一个难点问题，没有一把手的支持和理解是不可能执行到位的。

二、职能方面的整合

职能方面的整合当然不是指具体的职能部门的合并，这对于许多大型的国企来讲，是不太容易实现的。职能整合主要是一个自上而下的整合，比如，在目前的企业里面一些集团分管的领导会去统筹风险和合规法务，同时把内控和内审嵌套在风险管理的闭环中；或者通过法务合规来大统筹，做大合规职能整合。其实无论是哪种形式，最终目的还是帮助企业防范风险、管理风险。那么从整体的顶层体系思路上来说，我们重点强调通过三位一体的融合帮助企业真正地做落地的应用。在实操方面有以下几类：

第一类强调以风险为导向，核心还是要真正发挥全面风险管理的统筹引领作用。既然都是管理风控类的职能，就都是从风险这个视角上为企业保驾护航，帮助企业价值保护和价值创造。那么风险的视角有哪些呢？一是在风险管理里面考虑风险评估和披露，比如风险警示函等一系列具体的动作；二是在风险的评估和识别的基础之上，将内控作为整合风险管理的手段之一；三是法务很多时候承担的是外规内化的职能，尤其是法律风险方面，可以进一步为企业增加一道风险保护的屏障。

第二类就是合规、内控和法务的工作应该是融合在一起的。在理想状态下，合规的要求和标准应当和内控操作的指引融合起来，只有这样，才能确保合规的要求真正融入企业的风控体系，从而在内控上做出比较好的呈现；只有这样，一线的业务团队在落实内控及合规的要求和标准时，才能真正地做到一体化执行，避免合规有一套标准而内控有一套标准。

第三类在很多企业里，审计和内控是统筹在一起的。当然，大家也都知道从三道线的角度来讲，审计的职能应当独立于运营管理的职能，它应当直接向董事会负责，发挥作为第三道线的职能。

三、制度上的整合

在职能整合方面尽可能地考虑制度的整合性，包括风险管理制度、内控管理的制度以及合规管理制度，甚至包括审计管理制度，要尽可能做方法上的整合。

四、风险点要真正落在一道防线里面，并实现可识别

要通过流程的优化和搭建，把合规的要求和标准落实在流程体系上面。所以在流程体系的建设过程中，需要考虑到底是谁，在什么时间节点，在什么样的平台，发起了什么样的动作，在这个过程中应当遵循怎样的合规和内控要求和标准，同时要考虑数据的标准和需求，考虑数据化和信息化的平台诉求。如果在流程的建设过程当中能够把这些方面都考虑进去，那么企业就会有一个比较能落地的思路。

五、实现平台和工具的整合

实现平台和工具的整合提到数据驱动。其实在数据驱动的过程当中，很多企业都在利用数字化的契机去搭建企业整体的智慧风控平台，且在智慧风控平台的建设中，一定程度上使用了智慧化的工具重新梳理、整合这些合规的职能。在这个过程中，还搭建了三层的架构：顶层的架构，中间业务模型的架构以及底层数据的架构。

六、团队的整合

团队的整合就是强调风险职能的职业化整合，这就要求在团队建设中需要不同专业背景的人员，包括审计人员、数字化管理人员以及IT管理人员，技能组合也体现出一体化的思路。另外还强调机制和方法上面的整合。在日常操作中，内控、合规、风险管理的最终还是落位在整个闭环机制中。在闭环机制当中，我们既要承担宣传队和教导

员的作用，即作为咨询师的职能，同时也要强调对风险的应对。一方面是通过全面风险管理做全面的识别，另一方面通过风险的应对措施实现不同类型的风险应对。虽然在企业实践中会有不同的方法，但最终审计、内控、法务、合规都要以风险为导向，只要牢牢抓住风险这个关键点，就能帮助我们一点一点地在内部落实整个风险管理体系。大部分企业在这个过程中会用到以下几个抓手：第一个是系统的建设，第二个是流程的优化和再造，尤其是通过数字化流程建设自上而下地推动，第三个也是比较难的一点，就是通过整体的职能整合应对整体风险。

七、合规管理、内部控制与风险管理实现整合的步骤

合规管理脱胎于内部控制，同样需要进行流程管理。就是将管理的要求和标准转换为法律法规的具体要求和标准，植入到现有的业务流程中，在企业内部控制全流程中纳入合规管理要求，实现合规管理体系与其他体系在组织、制度、机制和文化上的协同。“以内部控制为抓手、以合规管理为底线、以风险管控为导向”提供了一种系统的整合思路。具体的实现方式可分为以下四个步骤：

第一步，将外部合规要求内化为企业内部规章制度。通过联通外部的法律法规库、行业规范库，建立结构化的企业内部规章制度库，将外部法规库落地转换为内部规章制度，并基于外部法规库的调整修订，结合相关的业务管理流程实时更新企业内部规章制度，实现“外法内化”。

第二步，将内部规章制度清单化，嵌入内部控制流程。基于企业实际业务梳理内部控制流程，解析内部规章制度中的内部控制管理要求、合规要求，并将其落实到各内部控制流程及具体环节中，形成风

险点、控制点、合规审查点，并基于此构建风险控制矩阵清单和岗位职责清单。

第三步，基于风险管控识别风险点，进一步丰富清单。围绕“风险识别——风险评估——风险应对”工作流程，分析各流程环节中存在的风险及其应对策略，将其落实到对应流程的风险控制矩阵清单中，实现以内部控制防范化解风险。

第四步，实现内部控制措施规则化与运行自动化。基于风险控制矩阵清单中的控制点、合规审查点、风险点，结合业务系统设计及运行情况，设计内部控制合规规则，一方面以融入业务的方式及时预警、阻断业务处理过程中的风险及违规事项，另一方面以成效检查的方式，监督内部控制合规要求落实情况，分析风险防控效果。

经过上述四个步骤，企业可以将内部控制、合规管理、风险管控不同标准的要求以“控制点、合规审查点、风险点”的方式嵌入业务流程当中，构建起协同的运行机制。后续企业只需要根据合规与风险管控要求的变化情况动态调整流程中的控制手段，并以信息系统运行的方式实现。这种建设方式统一于以内部控制为核心的“同一个流程”，可以避免不同模块建设“两张皮”甚至“三张皮”的问题，建立起全面有效的合规、风险管理体系。

谈内部控制建设

扫码观看视频

一、内部控制建设基于人性本恶

人性本善还是性本恶，是一个旷世持久、讨论不完的话题，其背后是管理到底采用人治还是法治的讨论。几千年来，儒家思想一直在讨论中占有上风，提出了人之初而性本善、以孔孟之道为主的性善学说。然而，荀子却坚持认为人之初而性本恶，仁义礼智并不是天生就有的善端，而是通过后天的学习和实践获得的。性善学说最大的问题会导致贤人或者能人政治，容易忽视制度建设的重要性。性恶学说则认为人人都有作恶的自然倾向，制约人的行为是要靠法律制度约束，这就是制度建设的必然性。既然人性本恶，在社会中一切拥有权力的人，都容易按照本性滥用权力。为此，法国思想家孟德斯鸠就明确提出了防止滥用权力，就必须以权力约束权力的思想。

党的十八大以来，我国提出领导干部要提高运用法治思维和法治方式的能力。法治思维和法治方式是以法治为前提条件的，法治相比于人治，重视法律和制度的作用甚于重视选贤任能的作用；重视规则的作用甚于重视道德教化的作用。内部控制作为一种拥有结构的制度安排，建设的基础是基于人性本恶这一假设和前提条件，如果不以此为基础，法治的约束力就会大打折扣。人非圣贤，谁都可能犯错、出问题，甚至滥用权力谋私。单纯地依赖道德说教、行为规范、思想意识提升，是难以克服人性的恶所带来的权力腐败问题。

二、内部控制建设的本质为流程再造

许多人错误地认为，内部控制建设是在制定一套规章制度，符合国家规定的要求，并对外进行披露，并简单地将内部控制建设视为符合外部监管需要而进行的合规建设，但并不了解内部控制建设的本质是流程再造。

从内部控制建设的基本思路来看，内部控制先要实现制度流程化，然后是流程岗位化、岗位职责化、职责表单化，最终实现表单信息化，其本质就是进行制度建设后的流程梳理，运用内部控制的方法对原有制度还原为流程后进行再造。

三、内部控制的流程再造思维有利于决策的科学性与业务运行效率的提升

目前，许多单位的组织架构是金字塔式的自上而下递阶控制的层级结构，这种组织结构是落后的管理技术的产物。庞大的中间管理层容易造成机构设置重复、分层过度、分工过细，管理机构臃肿最终造成组织内部信息传递迟缓，对迅速变化的市场反应不及时。更为可怕的是，部门之间的分割管理容易形成本位主义，各个部门往往关心局部利益，而不关心整体利益，难以实现一个组织的全局最优化。例如，审批协调环节过多，增加了许多的无用作业，导致效率下降、费用增

加、降低价值创造的能力。

运用内部控制流程再造的思维，在单位层面，有利于实现对组织结构的优化设计，通过决策层、执行层、监督层的分立，合理的垂直授权与横向的分权制衡，使决策的科学性和有效性大大增加。在具体业务流程层面，运用流程管理，有利于通过明晰的岗位职责划分，增强员工在流程管理中责任感与相互合作意识，培养集体主义精神。

四、运用内部控制流程再造的思维，有利于解放劳动力去从事更具有附加值的工作内容，避免缺位、越位、错位现象

内部控制的流程再造有利于实现具体业务的流程化、标准化、规范化。然而，并不是所有的业务都能够实现流程化、标准化、规范化，它主要针对的是那些重复性强、低附加值、占用大量劳动力、可流程化、可最终信息化的业务。一个组织一旦建立了流程和相应的执行标准，管理者就可以将大量重复出现的具体工作授权给下属，由下属按照标准去执行，避免自身的缺位、越位、错位现象。这样一来，高层管理者就有大量的时间研究经营管理过程中出现的重大的经营管理问题，将他们从日常繁杂的工作中解脱出来，提高管理者的决策素质和日常经营管理的效率。

以会计控制为例，如果大量的财务人员一直从事具体的核算，甚至报销业务，就不可能有精力从事更加具有附加值的管理会计业务。而管理会计工作的实施，一方面可以更好地为管理者的决策服务，另一方面，有利于会计控制对业务延伸，实现管理控制。

五、内部控制应根据组织管理的现实循序渐进

内部控制经历了内部牵制、会计控制、内部控制框架以及风险管理框架四个发展阶段。每个阶段的发展都是在前一个阶段的基础之上不断演进的。如果前一个阶段没有做好，下一个阶段也不可能取得好的效果。

如今，在内部控制建设的阶段，法律法规倡导全面内控建设，既建立合法合规的内控，也建立更高级别的会计控制与管理控制。但事实上，这种全面内控的建设更多的是为了满足外部监管的需求，并不能真正有效执行。真正的内部控制建设应根据单位的实际，按步骤循序渐进，不断趋于完善。

从我国行政事业单位财务管理的现状来看，应先做好会计控制，再逐步从会计控制延伸到管理控制。此时，凡是与会计相关的活动都应该纳入内部会计控制的范畴。因此，我国行政事业单位内部控制的规范是以预算控制、政府采购控制、收支控制、资产管理控制、合同控制、基建工程控制六大会计控制手段为主要内容，但这并不是未来内部控制的全部，也不可能一步到位，否则内部控制体系就无法有效执行。行政事业单位内部控制建设的本质是率先实现会计核算工作流程化、标准化，然后让会计人员从重复性强、烦琐的核算业务当中解脱出来，去从事与管理相关的会计监督工作和会计信息决策工作，逐步以会计控制去驱动业务活动的流程化和标准化。

从我国企业财务管理的现状来看，内部控制建设的重点应该是管理控制，它是建立在财务会计控制基础之上，对组织中各项管理活动加强控制。管理控制的目的是使战略得到执行，组织目标得以实现。组织目标的实现依赖于经营的有效性，当然，管理控制目标的实现依赖于合法合规和财务信息的真实可靠。

内部控制的建设成效取决于“一把手”

扫码观看视频

在讲授内部控制的课程中，我发现了一个有趣的现象。大多来学习内部控制的学员，都将重心放在了学习具体的业务活动控制上，对于控制环境则明显关注不足，甚至觉得没有必要。

控制环境好比一把伞，对其他内部控制要素起到保护作用。控制环境的好坏直接影响内部控制的贯彻和执行，企业经营目标、整体战略目标的实现。

控制环境构成了单位管理层营造的有利于防范和发现错误及舞弊的控制措施和氛围。具体的内容又包括组织架构及其内部责任的认定、各层次参与治理的程度、对财务会计以及相关职位胜任能力的重视、单位文化、人力资源政策与实务等。

虽然控制环境包含的内容很多，但控制环境还是加重了人的因素在内部控制环境中的作用。其中，最重要的人肯定还是一把手。无论企业还是行政事业单位，都会有自己的一种风气、一种精神，即企业文化。我们可以从一个单位部门的风气、精神面貌窥知作为一把手的为人作风。同样，一把手对于内部控制的态度决定了整个单位其他领导者及员工对待内部控制的态度。一把手对于风险的关注，决定了整个单位其他领导者及员工在执行流程过程中对风险的关注。但事实上，许多一把手根本没有正确认识内部控制的作用，仅认为其是国家的合规性及制度建设的要求，并没有真正理解内部控制对经营效率效果性的提升作用和战略目标实现的保障作用。这使内部控制的建设停留于具体业务层面，内部控制建设的层级过低。

大多数企业的内部控制体系已经建设完成，行政事业单位内部控制建设也在进行之中，而企业内部控制建设完成后最大的问题就是执行。当然，未得到充分落地执行的原因有很多，最重要的原因是一把手对内部控制的认识和重视不足。一把手构成了控制环境要素的主体，行政事业单位一把手如果不重视内部控制建设的推动和没有形成正确认识理念，即使建设完成内部控制，也会与企业内部控制假设的结果一样，仅是为了迎接外部检查的一个结果，而不能真正得到落地执行。

中国五千年的历史，可以说是一部“一把手的历史”。所谓“其兴也勃焉，其亡也忽焉”，讲的也是一把手的作用。“龙头怎么甩，龙尾怎么摆”。一把手的作用发挥得好不好，直接影响改革的进度和实际成效。

在中国特殊的政治环境下，如果一把手理解不到位，或者一把手不重视，内部控制建设不可能成功；美国反虚假财务报告委员会下属的发起人委员会（COSO）也认为，在控制环境中，最高管理层决定了企业的基调，影响了企业员工的控制意识；孔子说“其身正，不令而行”“不能正其身，何以正人”也是同样的道理。

如何确保一把手形成的控制环境走向好的方向？

我们可以从内部、外部两个层面进行完善。

从外部来说，第一，要加强依法治国与依法治企理念的灌输，强化一把手的法治理念；第二，用外部考核来强化一把手的法治责任，将内部控制作为其中一项重要的任职考核指标，纳入业绩考核之中。

第三，不断从外部提高高层经营管理者的科学管理素养，而不是经验管理，摆脱能人治理，注重最高管理层科学治理能力素质建设与外部人力资源招聘管理。

从内部来说，首先，要在组织架构上实现权力制衡。在组织架构当中，权力主体应该相互牵制，防止任何一方滥用权力，这也就意味着任何一方都不可能独立完成整个决策的确立，一项决策只有在协商与妥协中才能实现。权力的高度集中虽然在一定程度上保证了运行效率，却也留给权力主体操纵资源的较大空间。只有分权制衡才能实现权力制约。这就是要求决策权、执行权和监督权进行分权的内在逻辑。

其次，明确单位层面主体的权力范围。权力清单可以使职权配置更加优化，职权边界更加清晰，职权运行更加公开，事前监管更加到位。行政事业单位的权力清单就是把权力关进制度的笼子里，让公众知道政府的权力边界，从源头上减少审批环节，降低审批门槛，激发市场活力权力清单，每一项权力都对应着相应的责任。

最后，增强一把手内控意识，通过单位最高级别的领导层培训强化内部控制的流程管理意识、集团管控意识、持续优化管理意识、廉政建设意识、内部牵制意识、全员控制意识。这些意识有利于形成管理当局对内部控制的态度，进而影响到整个企业的内部控制态度及行为。如果企业管理当局强调会计记录的真实性和已经建立的政策及程序的重要性，则业务人员在执行业务时就会更加关注这些问题。如果一把手认为这些不重要，那么业务人员在执行业务时，就会忽略这些问题。

孟子有言，“君子之守，修其身而天下平”，这句话送给所有正在建设内部控制或者已经建设完成内部控制的单位一把手。

内部控制评价报告和内部控制审计报告是一回事儿吗？

扫码观看视频

大家应该听说过这样两个词：内部控制评价报告和内部控制审计报告。虽然它们只差两个字，但却有着很大的区别。

一、从形式上看两者的区别

从出具报告的主体来看，内部控制评价报告主要是由企业董事会及其下属的审计委员会主导出具，相当于是自己评价自己，再向大家展示一下："你看，我们的内部控制是有效的。"同样，董事会也要对内部控制评价承担最终责任，对它的真实性负责。

内部控制审计报告则是由企业委托的会计师事务所出具，是一份外部评价报告。就好比自己评价自己的时候，别人可能觉得你在吹牛，但是由专业的第三方进行评价，相对来说会更公平公正。

虽然两者只差两个字，但是评价的范围却有所不同。内部控制评价报告是企业对自己内部控制建设和实施的一个评价，自己更加了解自己的情况，所评价的范围包括整个企业的内部控制。

而内部控制审计报告一般是在年度审计过程中产生的，注册会计师主要是对企业财务报告内部控制的有效性进行评价。

二、从实质上看两者的区别

除了形式和评价范围外，两者的实质也是有区别的。内部控制评价报告代表着企业的内部控制自我评价，这种自我评价是企业反思的过程，通过反思来不断取得进步。

作为企业内部控制系统动态链条中的一环，内部控制自我评价主要针对企业在内部控制设计与实施中存在的问题，通过从评价到反馈，反馈到改进，改进再到评价，形成一个动态循环。

内部控制审计报告则是注册会计师对企业内部控制的评价，重要区别在于注册会计师的独立性，因为内部控制审计也是对企业利益相关者的一种保护。利益相关者可以通过内部控制审计对企业有一个更客观的了解，这要求注册会计师在进行企业自我评价时，必须保持独立的职业判断，并对最终评价结论负责。

三、两者之间的联系

当然，内部控制评价报告和内部控制审计报告虽然存在着诸多不同，但归根结底都是对内部控制的评价，这使两者之间也存在着不少联系。

从评价的流程来看，两种报告都需要参考《企业内部控制基本规范》，并对内部控制有效性进行评估；评估方法也都以风险为导向，遵循着全面性、重要性、客观性原则；最终都应将评价的结果向社会公开披露，接受社会监督。

而从工作内容上看，由于评价的都是内部控制，两种评价往往依赖同样的证据、采用类似的评价方法、使用同一基准日等。并且注册会计师在对企业进行内部控制审计时，也要对企业内部控制自我评价工作进行评估，再根据评估结果，判断要不要利用企业内部控制评价工作，以及在何种程度上利用。

内部控制作为两种报告的共同点，将两者连接在了一起，但在这个共同点上结出了不一样的果实，这就是内部控制评价报告和内部控制审计报告的区别和联系。

内部控制手册做完了，下一步做什么？

许多行政事业单位、企业都聘请咨询公司制作内部控制手册。制作手册之前，行政事业单位和企业最为担心的是内部控制手册的落地实施问题，对咨询公司、会计师事务所百般挑剔，提出了很多要求。但做完之后内部控制手册落地实施的问题还是出现了，并没有达到理想的状态。于是人们的焦点就又集中在了内部控制的咨询无意义、实施内部控制咨询的第三方都是在做无用功。到底谁对谁错？从事咨询的第三方公司或者会计师事务所也很无奈，觉得冤枉，因为毕竟他们无法参与被咨询方的具体业务活动中，也无法代替领导去决策。从成本效益的角度来看，被咨询方花的钱也不足以使咨询方投入那么大的精力帮助被咨询方落地实施。最后演变成内部控制手册的咨询活动不了了之，没有达到预期效果。

针对这一问题，我想有几件事情需要事前解决：

第一，在咨询前，被咨询方就要与咨询方达成一致性，因为期望太高失望就会越大。那么，需要达成什么样的共识呢？即被咨询方在咨询时一定要有人员投入，了解内部控制的方法论，了解流程图和制度、岗位职责的具体思路与做法。在咨询方撤场后，可以自己解决并完善新问题、新风险的防控措施。也就是说，咨询方仅代替被咨询方培养人才，说被咨询方不敢说的话，做被咨询方不敢做的事。针对问题的具体解决虽然需要双方的共同努力，但主力还是被咨询方。

第二，详细的制度修订与建立到底是谁的责任？咨询方主要负责流程梳理与再造，指出现有制度的不足与未来需要增加的制度安排。但具体的制度制定与修订发布决策是由被咨询方完成的，这不是咨询方的责任。当然，如果非要咨询方参与制度的修订与建立，则需要双方在咨询协议中达成共识，并在一开始考虑投入的时间和成本，并计入咨询预算中。因为咨询方有着丰富的咨询经验，也有很多可以参考的制度体系模板，可以根据被咨询方的实际情况给出具体的建议和制定相应的制度体系。毕竟许多单位的习惯停留于制度的执行，更习惯于通过具体的制度去执行具体的要求。被控制的主体是不可能理解内部控制的三维管理甚至矩阵管理流程图，以及对本单位所形成的组织架构影响及管理方式的改变的。

第三，咨询的过程中，咨询方不能忽视控制环境和单位层面内部控制的建设，这些直接影响到未来具体业务活动如何建设，甚至成为未来具体业务活动建设的主基调。但事实是，咨询方现场工作都结束了，撤场了，一把手竟然不知道，以为还没有开始，或者还在进行中，这种咨询最终注定是失败的。因为没有了解领导者的需求、风险容忍度以及领导者对于利益的权衡。没有落实组织架构设置的反馈，那么怎么证明咨询是成功的，又如何获得领导者对结果的支持呢。

第四，培训应该伴随咨询活动的始终，这种培训既要包含总体理念的培训，又要包含具体风险评估及具体业务活动应该如何实现管控的业务培训，还要包含手册编制完成后评价结果的培训，需要双方达成一致意见。否则被咨询所涉及的具体部门是不可能理解咨询方为什么要做出这些调整和改变的。

第五，内部控制是需要最终融入业务活动之中的，要通过内部控制的信息化去实现。但咨询方和被咨询方必须清醒地认识到，是没有单独的内部控制软件的，否则内部控制软件就会与ERP的信息化建设、财务信息化、OA系统的建设相互重复。内部控制的咨询建立了一套内部控制方法改造后的规则，这套规则包括流程的梳理与优化、岗位职责的划分、风险点的识别、风险评估后所带来的控制措施的繁简程度、领导者风险容忍度的植入。这就要求咨询方在内部控制手册的编写和梳理时考虑未来信息化的问题，最好与信息化同步建设完成，这样内部控制也就落地了，咨询的效果也最好。

我想，这些是内部控制建设咨询完成前需要考虑的几个问题。那么，咨询完成后，形成内部控制手册与评价报告，如何实现落地实施呢，这就是被咨询方要考虑的问题了，也要注意以下几个方面：

第一，各部门要确认咨询方的成果，针对不合理、不合适的地方形成汇总意见，并由领导班子决策取舍问题、繁简问题、重与大的认知问题，汇总后反馈给咨询方进行修订。这一工作需要牵头部门在一开始理解内部控制的工作在干什么，是怎么干的，不是所有的工作都推给咨询方。毕竟最终使用者是被咨询方，而不是咨询方。

第二，组织制度的修订工作，由牵头部门与办公室针对涉及的部门进行工作分配，组织开展制度的修订与建立工作。完善现有制度体系，并由最高管理层发布实施，以保证在执行过程中，按照最新的制度去执行。当然，执行过程中肯定会出现很多难题，这就需要持续性开展评价工作。

第三，每年要将内部控制评价工作分为自我评价和外部第三方评价。首先，自我评价由当初的牵头部门组织，对内部控制涉及的所有部门开展评价。评价的重点包括设计缺陷与执行缺陷两个维度，内容包括具体涉及的岗位、职责、流程、制度、风险五个方面。然后，由第三方针对评价的结果组织再评价，验证自我评价发现的问题是否合理、正确。最后，汇总所有评价结果，由牵头方再开始新一轮的完善优化工作。总之，内部控制建设只有起点没有终点。并且内部控制建设与完善不是一个部门可以解决的，而是需要集体配合的。

最后，内部控制制度体系、流程体系、运行保障体系经过1—2年的持续完善，需要在具体的信息化中将内部控制的规则、流程、制度、岗位要求，植入业财融合的活动中去，体现为信息系统的细化要求与控制表单，而不仅是信息系统建设的功能要求。管理制度化、制度流程化、流程岗位化、岗位职责化、职责表单化、表单信息化也是这个道理。作为咨询方也必须认识到，信息系统的建设不是简单地将线下流程和需求转移到线上，而是改造后的流程和规则通过线上去完成。内部控制保证了信息系统又好又安全地完成目标，甚至从更高的高度去看待信息化建设。内部控制规则保证了数据生成的完整性与真实性，并在控制的环境下，完成数据的采集工作，这又是信息数字化的要求了。总之，内部控制是可以落地实施的，但是需要咨询方与被咨询方的共同努力，达成共识，清晰责任。这也是一种知识转移，需要被咨询方加强学习。咨询方也要本着负责任的视角搞清楚自己可以做什么，不可以做什么，而不是一味地唯利是图，吃政策的红利，最后没有达到咨询的效果，反而堵住了未来的业务拓展。该细化的地方就要细化，该简化的就要简化，该投入的就要投入。

应避免内部控制“空转”

扫码观看视频

由于人的自利性，经营管理会存在道德风险与逆向选择问题，作为外部制约机制的补充，我们必须承认内部控制建设有其必要性和强制性。

它可以通过权力制衡，建立不相容职务相互分离的制度，防止“合谋行为”的发生；保证经济业务活动的合规性、经济性、效益性，甚至在治理层面上发挥治理作用。内部控制的作用和意义已经不言而喻了。

内部控制是不是建立得越多越好，执行得越严越好？很多单位的内部控制成为摆设，存在形式上实现了走流程，实质上并未发挥作用的“空转”问题，甚至将个人权力滥用转化为“集体决策”，事实上早就已经定好基调，引发决策结果的“首因效应”。

什么是“首因效应”？我专门查了一下，它是指个体在社会认知过程中，通过“第一印象”最先输入的信息对客体以后的认知产生的影响作用。也就是说，集体决策变成了形式，最先引导发言的，起到了重要作用，集体决策仅是形式。

事实上，企业的监督制度不是少，而是多。内部控制、风险管理、合规管理等制度多如牛毛，事无巨细，但真正解决问题了吗？既不符合成本效益原则，又反复出现只走流程、屡查屡犯的问题。这其实就是内部控制的“空转”问题。

为什么会出现这一现象。一是总部制定者希望管得越严越好，而基层执行者执行负担越来越重，戴着镣铐跳舞；二是内部控制流程中不同利益相关者的立场与角色存在差异。

如何改变呢？首先要关注控制环境，大的问题不解决，小的问题就是形式主义。这就会涉及治理层面，上梁不正下梁歪。

其次，关注每个控制环节的内部控制资源承载力，要通过内部审计的评价，不断查找可能出现的承载力问题。一旦在某一环节超出了执行者的资源承载力，执行效果就会大打折扣，因此要评估承载力所带来的风险，是精减控制环节，还是建立必要的补充控制。

再次，就是信息化问题，要将内部控制的规则与流程融入信息化之中，尽量由人控变为机控。减少资源的占用，提高内控资源的承载力。

最后，是一体化问题，不要一件事重复监督，内部控制、风险管理、合规管理要实现一体化。

反腐应将不能腐与不敢腐实现一体化建设

扫码观看视频

党的十八大以来，党中央一直将严肃惩治腐败与严密制度约束、严格教育引导紧密结合，形成了不敢腐、不能腐、不想腐一体推进的方针方略。这也是我们党百年奋斗特别是新时代反腐败斗争经验的集中体现。我的理解是，不敢腐是一种震慑，不能腐是一种机制，不想腐是一种美好状态。

2023年7月28日，中央纪委国家监委召开动员会，部署纪检监察机关配合开展全国医药腐败问题集中整治。这是半个月里有关部门第三次表达对医疗反腐的行动和决心。这次集中整治，将重点针对医药领域生产、供应、销售、使用、报销等重点环节和“关键少数”。

据不完全统计，截至2023年6月12日，全国已有至少119位医院院长、书记被各地纪委监委通报，涉及多家三甲、二甲医院。与2022年全年约75位医院院长、书记被查的数据相比，2023年被查的医院院长、书记数量已达到去年全年的近1.6倍。相信通过2023年下半年的集中整治与查处，会有更多的医院院长、书记落马，这对医院领域的腐败形成强大的震慑，对发挥“不敢腐”起到了积极的推动作用。

针对这一问题，我总是在想，自2012年以来，反腐败一直在路上，也永远在路上，为什么还是没有彻底根除，还有许多人铤而走险，存在侥幸心理呢？司马迁在《史记》第一百二十九章“货殖列传”中谈道：“天下熙熙，皆为利来；天下攘攘，皆为利往。夫千乘之王，万家之侯，百室之君，尚犹患贫，而况匹夫编户之民乎。”人性本恶，就是如此。人为财死鸟为食亡，更说明了这种自利性与生俱来。正是这种自利性与恶，人们经常会因为侥幸心理铤而走险。舞弊三角模型理论中也谈到，动机或压力、制度缺失带来的机会、合理的借口或者理由，这三个因素同时成立时，舞弊发生的可能性极大。动机或者压力人人有之，人性和对利益的追逐注定了人皆有腐败的动机。虽然有大有小，需求不同，机会不同，能力不同，压力也不一样。这个从根本上改变也很难。我们总是期望人像玻璃缸里的金鱼一样透明，但鱼是否在喝水，旁人是不知道的。

从医院的特点来看，学术权威和行政权力往往难以分割。专业问题自然会遵从专家的意见。但医学专家往往也是医院里的科室主任，乃至行政一二把手，他们同时拥有学术权威和行政决定权，这些都是医院腐败治理天然的监督缺陷。他们认为重要的是医疗专业，而不是运营管理、财会监督、内部审计。即使重视程度提高了，由于医学专家并不专业，会因财会监督与审计监督的重复导致效率低下，甚至眉毛胡子一把抓，经常是一管就死、一放就乱。许多控制建设初期豪情万丈，真正执行时雷声大雨点小，许多制度与控制成了聋子的耳朵——摆设一个。这也正是医药反腐和医疗改革即使一轮一轮推进，腐败也难以杜绝的根源所在。或者说，这是一个重要的制度设计缺陷与控制环境缺陷，即内部控制的缺失给舞弊带来了机会。

从腐败领域来看，观察一下落马的院长、书记，大多都是收受可能影响公正执行公务的礼品、礼金；利用职务上的便利，为他人在设备采购、资金拨付等方面谋取利益并收受财物，且数额巨大。这也反映出设备采购、医药采购、低值易耗品采购、基建工程、后勤、信息系统采购等领域就是腐败高发领域，但始终难以得到根本治理。更何况每一位领导者又都有着合理的借口，例如，担心监督过严影响收入，影响业务的积极性，而且业务是创造价值的；采购归口会影响相应处室的效率和专业性，影响医疗质量等。这些借口显然成为内部控制不完善的主要托词。针对这一轮新的医院反腐风暴，相信随着很多医学精英的落马，会起到更大的震慑作用。根据网上披露，许多本应召开的医学会议都暂停召开，背后的原因可想而知。

对此，我认为，不敢腐应和不能腐、不想腐结合起来，实现一体化建设，突击惩治要和构建长效机制结合起来。长效机制不建立，屡查屡犯还是会成为常态，而这个长效机制就是内部控制的建设。但现实中，从重视程度来看，又有多少监管部门或是医院的一把手真正地将内部控制作为长效机制去建设呢？总是以业务部门效率的提升为理由将内部控制建设与评价工作流于形式。自2012年财政部发布《行政事业单位内部控制基本规范（试行）》以来，十多年过去了，很多医院对于内部控制的理解仍然不到位，内部控制变成一本手册，难以落地的现象也还是比比皆是。凡有助于增加业绩、增加收入的，都舍得花钱；凡是关于内部控制建设的，花多少钱都认为不值。我想这里有认识的误区，也有不专业的因素和难以落地的多种原因存在，但重视程度还是首要因素。

对此，我认为：

第一，要将内部控制建设作为一把手工程，常抓不懈。应让一把手充分认识到，内部控制不仅是制度手册，更重要的是制度与流程的梳理，需要明晰制度规则并融入流程之中，并通过信息化固化。信息化建设必须以流程再造为前提，不能为了目标管理而信息化，而应从流程管理与数据管理并重的高度开展信息化建设。内部控制是将控制方法融入原有流程，并再造流程的过程。这个过程需要评估风险容忍度，平衡成本效益，平衡效率与控制，平衡一般与特殊，避免内部控制绝对化和妖魔化。监管部门应将对财务人员的培训转为对一把手的培训来推动这种认识的提高，因为管理者必须要明白控制的重要性，管理本身就是一场控制的游戏。激励是控制，控制也是控制；预算是控制，绩效也是控制。控制伴随管理全过程，这一点对于非管理专业而仅是医疗专业的专家来说尤其如此。应尊重专业的人做专业事，管理是科学，财务也是科学，而不要仅认为医疗是科学，最后可能是管理拖了医疗的后腿。例如，很多医疗事故，表面上是医疗上的事故，实际上是经济上的贪污问题而引发的，如果多一道对医疗所发生的经济业务活动的监督，也许能够避免此类医疗事故的发生。

第二，内部控制评价应由内部审计部门执行而不是财务部门。现实中，各个医院内部控制评价与建设工作都由财务部门完成的问题十分突出。正所谓皇帝的新装，明摆着就是错误的，却没有人指出。运动员、裁判员于一身，使内部控制评价成为形式。事实上，内部控制建设只有起点没有终点。建设完成后的内部控制，需要通过评价监督实现内部控制体系持续优化。这项工作需要由财务部门牵头，所有涉及经济业务活动的部门科室组织自我评价工作，由内部审计实施再评价再监督，最终出具内部控制评价报告，上报监管部门，财务部门每年应针对内部审计评价的结果自觉组织整改落实。千万不能“王婆卖瓜自卖自夸”，这也是内部控制评价流于形式的重要原因之一。如果一个单位的内部审计实力不行，也应该聘请第三方中介机构来进行相应的独立客观公正的评价工作。

第三，内部控制应融入医院财会监督体系建设，并建立以内部控制为核心的财会监督体系。自中共中央办公厅、国务院办公厅印发《关于进一步加强财会监督工作的意见》以来，医院也在积极探讨财会监督在医院的应用问题。我认为，医院财务部门与卫生健康委财务部门应该利用此契机，构建一个整合内部控制并作为核心与基础的大财会监督体系。在这套体系中，应明确一把手在内部控制为核心的财会监督体系构建的主体责任，并明确纪检、审计、财务在监督体系中的定位。其中，财务部门是内部控制体系的抓手和主责，建设执行部门是财会监督体系的事前监督、事中监督与事后监督全过程监督主体。审计监督在财会监督的基础上，运用内部控制评价的手段，围绕所审事项的经济业务风险实施全过程的审计，发现风险及缺陷，并提出内部控制完善建议，督促整改完善，以持续发挥内部控制评价监督的日常监督作用。纪检监察部门则从廉政风险防范的角度，利用内部审计与财会监督的成果，督促相应的内部控制体系趋于完善。也就是说，医院财会监督体系构建也应与内部控制建设相整合，并以之为核心构建大财会监督体系，有效发挥内部审计与纪检监察对经济业务活动风险与廉政风险的防范与监督。这样也有利于避免多头监督、多头监管。也可以利用国家这份文件，发挥一把手的主体责任，有利于从心理及行动上规范自身权力的运用，加强权力制衡与监督，防患于未然。

第四，内部控制落地依赖于信息化，但内部控制信息化并不存在。内部控制是信息化建设的前置工序，即流程梳理与再造。内部控制形成的风险和规则都需要植入信息化的流程之中，并通过相应的控制措施实现归口与表单控制。因此，内部控制要想真正得到落地实施，避免形式化和表面化，需要与运营管理的信息化及其他信息化建设相互融合，而不能“两张皮”。

第五，单位层面内部控制重于业务层面。很多医院在建立内部控制的过程中，将单位层面内部控制表面化，甚至虚化。即具体业务层面的内部控制建得较为详细，而单位层面上，则相对重视程度不足，并且虚化。其实单位层面上的内部控制，如组织架构、授权审批机制、控制文化的形成，都直接影响到具体业务层面内部控制的整体基调和风格。试想一个单位的组织架构调整了，那么它具体的业务层面的流程和制度能不调整吗？如果一个单位的“三重一大”的授权审批机制发生变化，肯定会影响到收支层面上具体的控制审批内容与流程、岗位职责。可见单位层面上的内部控制对于具体业务层面控制的重要性不言而喻，二者密不可分，都应引起重视。

第六，业务层面的内部控制应突出采购、支出、基建、医疗、资产等容易出现腐败问题的领域。应在采购归口管控、清晰职责划分、支出结合“三重一大”做好分类授权管控等方面下大力气，细化相关的风险点，控制措施，并在预算控制层面做好与这些重点领域的衔接，加强预算控制在全过程业务流程中的管控作用。在这一过程中，要突破预算就是财务预算的偏见，形成人人预算的理念，细化业务预算，由财务履行监督职责而不是执行预算的职责。既要重视“三重一大”的集体决策作用，也要重视分管领导与总会计师联签的授权审批机制的形成和有效执行，将问题和风险消灭在基层，而不要向“三重一大”推责任，造成集体决策流于形式，流于会议。

综上所述，我想要表达的是医院的反腐不能仅重视不敢腐的震慑，更应该重视不能腐能力的建设。而这种不能腐的能力依靠内部控制的建设，内部控制具有反腐败的日常防范功能。“千丈之堤，以蝼蚁之穴，溃百丈之物，以缝隙之烟焚。得控则强，无控则乱，不控则败”，就是这个道理。内部控制有利于构建反腐败的预防机制，防患于未然，通过制衡将权力关进制度的笼子里。如果仅是头痛医头脚痛医脚，或者是一阵风，一场运动，不重视长效机制，不重视不能腐能力的塑造与监督闭环、内部控制执行过程的绩效考核，后继权力的拥有者一旦拥有机会，就又会存在侥幸心理，铤而走险，滋生新的腐败。尤其医生这个职业，在一定程度上起到维系社会信任的作用，如果这份职业在人们心中的形象持续恶化，人们在精神上将更加无所依归，社会的信任感和生活中的安全感会大大降低。因此针对医院的反腐，构建防腐的内部控制长效机制，更有利于防患于未然，挽救更多的医学精英，塑造好的行业形象和维系好的社会信用。也希望更多的医院院长、书记能真正认识到内部控制对于自身的保护作用，塑造防火墙，正确认知内部控制，用专业的视角重视审计与财会监督，掌握内部控制的精髓，重视财会监督体系建设，以权力制约权力，以岗位制约岗位，构建经济风险与廉政风险并重为导向的内部控制体系，并通过信息化为载体，融入流程之中，真正发挥作用。

内部控制中的“三重一大”如何正确理解

扫码观看视频

什么是“三重一大”？即“重大事项决策、重要干部任免、重大项目安排、大额资金使用，这些事项必须经集体讨论做出决定”的制度（简称“三重一大”制度）。

何谓重大事项，事关党和国家的事，自身发展的事，干部群众利益的事，上级要求的事。对于重要项目，不同单位认知不同，会从资金安排、潜在风险、社会影响等不同维度确定项目重要性。什么又是大额资金使用？超过领导班子职权范围内调动，超过限额的资金调动与使用。注意支出不同于使用，支出仅为使用的一个环节，使用已经确定，支出无须重复审议。

“三重一大”是一个好的决策议事制度，其意义在于，充分体现民主集中的原则，推进决策的科学化、规范化、制度化，避免权力的绝对化，出现“一支笔”“一言堂”问题。避免拍脑袋的决策，使议事决策过程建立在调研、论证、咨询、调整、协调、决定的基础上，从而建立一种集体研究、专家论证和技术咨询相互结合的议事决策机制。

制度是好的，但是现实中，人们对它却诟病很多，认为其阻碍了业务的执行效率，党委会与办公会的协同导致决策效率低下，业务链条冗长，拖延了时间。

我将其总结为四个大的问题：

一是“三重一大”制度“空心化”。许多单位有制度，但制度的细节不明确，什么是重，什么是大，没有区分清楚，难以判断哪些该上会，哪些不上会，尤其是对需要集体决策的内容、范围、权限、项目安排、资金性质不能细化和明确，会出现都上会的问题。如果都上会，必然会降低决策效率，浪费大量决策层的时间和精力。

二是决策环节简单化。许多人认为，“三重一大”就是在决策环节过会，通过议题。结果是既没有前期准备；也没有后期执行；更没有如何执行，预期效果，事后情况反馈、通报和调整。最终造成决策事项议而不深，集体决策程序成了走过场，决策的科学性和正确性得不到保证。

三是“三重一大”的监督形式化。对纪检监察部门“三重一大”的监督职能，更多是从对决策程序的监督层面进行规定，而对会议决策前和会议决策后的监督则缺少制度保障。

四是执行环节决策化，造成重复决策。许多单位对重大项目安排与大额资金混用“三重一大”程序。重大基建项目立项时，走一遍行政办公会与党委会，招投标再走一遍，大额资金支付又走一遍。造成一件事情，不是按照重大项目走决策程序，而是将环节切分按照不同的重大、重要和大额资金反复上会，苦了员工，也苦了领导者，造成决策效率低下。

那我们应该如何着手改变这些问题呢?

第一，要细化“三重一大”的重和大的区别，针对本单位的实际情况，根据风险容忍度与制度要求，明确“重”和“大”的细项。

第二，提交“三重一大”前应该做好研究论证，做好个别酝酿，并征求意见、专家论证，做好事前工作，提高“三重一大”决策效率。

第三，正确理解“三重一大”制度，不仅是决策环节，更重要的是实现民主集中，集体议事规则。

第四，建立对决策的考核评价和后评估制度，逐步健全决策失误纠错改正机制和责任追究制度。

第五，不要混淆决策环节和执行环节，切勿将执行环节决策化。

第六，办公会与党委会要明确对同一事项的决策权限，搞清楚差异性，划清边界。

如何搞好行政事业单位内部控制？

扫码观看视频

2012年12月，财政部发布了《行政事业单位内部控制规范（试行）》，到2023年已经走过了11个年头，但事实上我们从行政事业单位所构建内部控制的现实来看，仍然不是十分理想。

很多的行政事业单位并没有真正构建内部控制，或者已经构建了内部控制，也并没有真正有效地发挥作用，这里面到底有哪些问题？

1.领导的重视程度

事实上很多领导的脑海当中，就从未认识到内部控制的意义到底在哪里？在从事一些内部控制的相关工作时，永远都是头痛医头，脚痛医脚。他们往往通过制度发文的形式体现内部控制，却没有真正地从体系化的视角建设内部控制。

2.建设内部控制到底谁来牵头

对于内部控制牵头的问题，有的企业放在财务部门，有的放在办公室，有的放在审计部门，总之大家对于到底是谁牵头并不明确。

3.内部控制的评价谁来做

针对内部控制的评价工作，有些单位是由财务部牵头，有的单位是审计部门来做，有的则是找了第三方评估机构来做，那么内部控制的评价工作到底由谁来做？

4.信息化建设

很多单位期望做一套内部控制的信息化，那么内部控制的信息化到底存在还是不存在？事实上，很多单位都存在如何将建立完成的内部控制手册植入到信息系统中的难题。

5.重视业务层面内部控制的建立，而忽视了单位层面内部控制的重要性

大家往往重视业务层面上的内部控制，而忽略了单位层面内部控制建设的重要性。

6.为什么要做风险评估

做风险评估的意义到底在哪里？实际上我们发现很多单位的内部控制建设没有做风险评估。

7.找一个什么样的公司来做咨询

咨询公司五花八门，有会计师事务所、律师事务所、管理咨询公司，到底什么样的公司适合行政事业单位的内部控制建设？

总结以上问题，大家会疑问，您讲了那么多，到底如何搞好行政事业单位的内部控制建设？我觉得可以关注以下几个方面。

1.选择恰当时机建设内部控制

如巡视结束，阶段性审计工作完成时，或领导者、一把手刚变更的时机，就是建设内部控制的有利时机。

2.财务是牵头部门，但要配套领导小组、工作小组和咨询小组

目前来看，行政事业单位的内部控制主要是与经济业务活动相关的内部控制，未来才会延伸到具体的业务层面，这时候财务部门仍然是牵头部门。财务部门是牵头部门，并不意味着别的部门不参与行政事业单位内部控制的建设。我们仍然要配套成立领导小组、工作小组和咨询小组，并做好领导小组、工作小组和咨询小组的责任划分。

3.评价就是审计部门的事情，自我评价和再评价要分开

各个部门应该由财务部门牵头，组织自我评价，但是内审部门所做的评价是一种再评价，它和各个部门所做的自我评价完全是两件事情。对外报送出具的报告，我认为是内审部门所出具的评价报告。

4.对于内控的信息化并不存在

内控建设的本质是在做什么？内控建设的本质实际上是在制定规则和再造流程，未来要融入业态融合系统当中去，所以单独的内控信息化根本就不存在。

5.重视单位层面上内控的建设，并且要做实

在内控建设当中，重要的是决策议事机制以及在组织架构层面如何实现决策执行监督相互分离，更重要的是如何做好权限审批的责任划分。在单位层面以上事项没有解决，那么在具体的业务层面根本没法执行。例如，采购归口在采购中心，那么采购中心的采购权限到底如何在“三重一大”中得到体现呢？这个职责到底如何进行划分呢？这些都需要在单位层面上的组织架构以及决策议事机制上充分地体现出来。如果在单位层面没有做实，那么在具体的业务层面仍然是分散的，即使做了集中，也会面临职责划分不清的问题。

6.让管理咨询公司去做

如何判断一个咨询公司是否适合去做建设内部控制方面的咨询，这就要看这家咨询公司到一个单位之后，看不看账簿。如果说他先把账簿拿过来看，那他就不适合做内控的咨询。

内控的咨询是管理咨询，不是查账。另外，软件公司不能代替管理咨询公司做咨询，软件公司往往适合落地执行，但是不适合做顶层设计。咨询是咨询，信息化落地是信息化落地，这两者的工作无法相互替代。

7. 内部控制只有起点没有终点

我们要有一种理念：内部控制的建设只有起点没有终点，它必须通过不断地评价去优化，最后形成标准化的机制。

8. 风险评估一定要动态更新

领导者的风险容忍度，通常通过风险评估具体体现出来。为什么有的单位50万元以上的项目就要招投标，而有的单位200万元以上才招投标，因为领导者的风险容忍度不同。为什么同样的风险对于有的单位来说就比较大，而对有的单位就比较小，这些都需要通过风险评估进行动态风险清单的更新，这也就是要出具风险评估报告的原因。很多单位邀请咨询方出具内部控制的评价报告、内部控制的风险评估报告、内部控制手册，原因就在于此。所以风险评估不可避免，也不能舍弃，需要评估咨询、动态更新。

内部控制也有局限性

扫码观看视频

尽管我们一再强调内部控制的重要性和重要意义。但内部控制也和其他管理体系一样，是有其局限性的。这主要受制于内外部环境、发展阶段、资源限制、认知能力等因素。

因此，内部控制只是一个提供合理保证的过程，而不是绝对保证。

我们建立的内部控制仅能控制内部，外部的环境变化所带来的不确定性，我们是没有办法控制的，它需要借助于风险管理的策略。这就是产生风险管理的原因。

那么，除了外部的不确定性影响，是不是内部建立了内部控制就能达到控制的效果呢？

这也不见得，第一，只有设计、没有执行也不行。内部控制必须有组织的保障和绩效的考核，否则再严密的内部控制也会因为不执行而失效。

第二，一把手的问题，也是内部控制失效的重要因素，原因是一把手凌驾于内部控制之上，特别是上市公司，管理层超越了内部控制，管理层如果有意而为之，就会视内部控制为形式。

第三，本来不相容的职务相互融合了，也会导致内部控制失效。

其表现就是串谋舞弊。

第四，出于成本的考虑，本应采取严格的内部控制，并且投入大量成本的事件没有采取严格的控制，也会导致内部控制的失效。

第五，在决策时人为判断可能出现错误和因人为失误而导致内部控制失效。同样地，控制的运行可能无效。例如，由于负责复核信息的人员不了解复核的目的或没有采取适当的措施，内部控制生成的信息（如例外报告）没有得到有效使用。

当然，如果被审计单位内部行使控制职能的人员素质不适应岗位要求，也会影响内部控制功能的正常发挥。内部控制一般都是针对经常而重复发生的业务设置的，如果出现不经常发生或未预计到的业务，原有控制就可能不适用。

因此，内部控制不是万能的，但没有内部控制也是不可能的。

内部控制需要数字化转型吗？

扫码观看视频

数字化转型是当前的热门话题，它会解决传统企业管理中的痛点，由不可能变为可能。

数字技术打开了企业边界，组织架构的层级削减，呈现出来扁平化的趋势，也消除了部门之间的隔阂和信息系统的孤岛问题。

数字化也带来了企业供应链重塑，对外联通了企业生产、流通、消费等各个环节的节点，供应链、产业链、价值链互联互通，降低了企业信息与沟通的成本。

在这种背景下，企业的业务流程必然会作出调整。如何利用新技术优化流程，将流程驱动向数据驱动转型，这也是对传统企业内部控制提出的数字化转型要求。它要求提高内部控制的数字化水平，推动内部控制体系重构，通过一些流程的自动化改造，实现对风险的有效管控。

过去对于内部控制来说，之所以与信息系统的融合不够，其主要原因在于内部控制的表现形式为流程中的规则，这些规则的执行，又大多通过人工的审批、复核、检查。加之，组织架构的层级制及职责扯皮，最终造成流程上过多消耗时间，效率低下，达不到理想中的效果。

而数字技术的应用，如电子签章、指纹识别、人脸识别、授权设置，使传统内部控制的方法应用更加自动化，实现了一种全新岗位相互牵制的形式，既提升了控制的效率，又提升了内控的效果。

此外，内部控制可以保证数据平台化改造后的数据安全，还可以利用数字化的改造，使内部控制通过可视化的形式，监控有效性的发挥和基于数据的风险预警。从具体业务活动来看，销售与收款的控制活动，可以利用数字技术通过预设的流程，链接企查查或者其他信用平台进行客户资质审核，生成订单，并将订单发送至仓储中心、物流系统以及财务系统，打造自动化的销售收款流程，减少人为干预，提高内部控制效果。

那么，在数字化背景下，传统的内部控制体系如何作出改变？

在新的数字化环境背景下，内控体系需要依托数据资源，在企业内部多领域各环节借助成熟的新一代信息技术，优化传统企业的决策、生产、销售流程控制，增强企业与消费者、客户之间的联系与互动，塑造一个以消费者为核心的新型企业的管理过程。它不仅是有着具体内容上的设备和技术方面的数字化升级，更是思想层面企业管理理念的升级和革新。

首先，针对内部控制的环境因素，必须融入数字化的背景因素，引入数据治理，如果不能同步就会降低数据治理效果及数据质量，最终影响整个组织的数字化转型。

其次，控制活动中，数据要素成为内控工作的关键基础要素，对数据的应用及价值的挖掘程度将直接影响企业内控管理的效率，使内控对象及资料将从有形的纸质资料向无形的数据资料转移。这意味着虽然数字化可以在一定程度上实现内部控制活动自动化和智能化，减少人为的因素影响和工作量，提升控制活动效率和效果。但数字技术应用与业务流程的深度融合发展，使内控活动对象不仅停留在现金设备等有形资产上，还新增了技术人力资源、数据等无形资产，网络安全的隐性风险将产生实质性的影响并凸显出来，这种风险将随着数字化与业务流程融合的脉络延伸到生产经营的各个环节和层级，并直接影响企业的经营活动。

针对内部监督要素，一部分监督将由数字技术智能化完成，自动提出风险提示和预警；另一部分则需要内控人员与数字技术人员相互配合协同工作，或连续或根据不同的监督目的抽查式地进行人为监督。

总之，数字化时代，最大的变化是大数据环境的变化。这种变化，需要我们树立数字化思维，通过内部数据的收集、整理、分析和运用，促使内控合规管理由经验驱动向数据驱动转变、定性分析向定量分析转变、事后处置向事前预防延伸，以全面掌握内控状况和有效提升内控管理，这就是对数字化时代内部控制要求和转变。

论内部审计部门的正确定位及其改进

一、内部审计部门的正确定位为什么重要

定位，即树立组织形象，设计有价值的产品和行为，以便使细分市场的顾客了解和理解企业与竞争者的差异。可见，要想在整个组织层面、人员心目中留下清晰、深刻的印象，就必须有准确的组织定位。内部审计也存在组织定位问题，清晰且准确的组织定位有利于明确组织的差异性，取得应有的管理资源保障，保证职责作用发挥效果，否则就会产生资源浪费，造成企业成本负担加重。也只有明确组织定位，才有利于分析和评价组织的绩效问题，否则就只能依赖内部审计客户的价值感知来实现。

随着企业越来越重视内部控制与风险管理体系，内部审计也越来越受到领导的重视。可是，不是所有的领导者都懂内部审计，甚至尊重内部审计的专业性，于是领导者的期望就成了内部审计人员的负担，令内部审计人员深感忧虑和疲倦。其背后原因在于内部审计部门缺乏与领导者的沟通，没有正确定位其组织职能，陷入了围绕领导者所关

注的各种专项审计内容之中，审计项目的内容及其类型无限拓展，甚至打乱了原有的审计计划。内部审计从事后更多地开始介入事前、事中；合同控制流程的介入，将内部审计人员从裁判员转为运动员；风险管理与内部控制体系的设计，使内部审计人员从第三道防线迈入了第二道防线。这些令内部审计人员无所适从，还违背了其独立性和客观性。职责的无限拓展，令内部审计人员感觉到自身业务知识、专业知识的不足。事实上，内部审计部门已经开始越来越偏离内部审计的正确定位。

审计是讲究标准的。审计是用别人的标准来审计别人，而不是用自己的标准来审计别人。当对方没有标准时，审计就应该努力发挥咨询服务的定位，为被审计单位提供建议并提出相应的标准。当然，咨询是以不承担管理者职责为前提的。否则，会影响到内部审计的独立与客观。如果被审计单位已经建立了标准（如风险管理与内部控制标准体系），那么内部审计就应该发挥确认作用，确认标准与现实之间的符合程度。并在此基础之上，提供咨询服务，针对问题提供建议，周而复始地通过审计不断完善这套标准，这就是内部审计的正确定位。因此，这就要求内部审计部门必须加强与领导者的沟通，从本单位的现实出发，重新定位内部审计的职责范围。应该看到，舞弊和内部控制是内部审计人员的根基，促进并完善风险管理体系，进行风险揭示，推动更有效的公司治理，是内部审计部门的长远发展目标。最终，促进企业管理的流程化、标准化、规范化，通过管理优化不断迈向卓越。

二、内部审计应该重新回归财务审计

我们过去一直强调内部审计应从低附加值的传统财务审计转向业务审计，甚至走向更高层次的管理审计。为什么财务审计具有低附加值呢？这是因为财务审计所面对的对象是低附加值的、占用大量劳动力的记账、算账、报账的传统会计核算业务，还未迈向更高层次的、服务于内部管理决策使用的管理会计层级。而管理会计的内容是最具有价值的。

传统的财务职能在逐步发生转型。财务会计与管理会计的分离，使财务人员从过去低附加值的会计核算工作中释放出来，从事了预算管理、财务分析、成本管理、资金管理、绩效考评、内部控制等高附加值的工作。财务共享服务中心建设本身就是利用先进的信息化手段，将传统的会计核算人员从低附加值的劳动中解放出来，将会计核算通过标准化、流程化的再造，低成本、高效率运行。解放出来的会计人员就可以更加集中精力去从事管理会计工作，为内部的管理决策提供信息。这被认为是一种有价值的活动，也推动了财务与战略、财务与业务的有效融合。财务与战略，财务与业务的一体化，使传统的财务会计的面貌大为改观。财务人员的地位，或者更确切地说，CFO在一个组织中的地位大为提高。我们发现，一个管理好的企业，往往是一个控制好的企业，一个控制好的企业往往是一个会计控制好的企业。在这样的企业中，会计部门往往是强势部门，当会计流程化、标准化后，会计流程与业务流程的对接令业务流程从属于会计流程，并逐渐实现了自身管理的规范化、制度化、流程化。这是我们看到的管理优秀的企业所具备的共同特征。

以往的内部审计部门，从财务审计走向业务审计后，发现内部审计项目的内容和类型出现了更加多元化的局面。内部审计业务发现舞弊、查找问题的职责被夸大，但却在解决问题提出建议方面，显得十分无奈。应该说业务经营审计的开展，确实使内部审计从事后走向了事前。内部审计对于业务的基础管理优化，仍然不能站在系统化、流程化的角度上提供更多的建议。我认为，这是内部审计部门抛弃了过去财务审计的基础，舍弃掉了自身的职业专长，片面地认为内部审计人员不懂业务。其实，经营审计不是对财务审计的否定，财务审计仍然是经营审计的基础。如果，内部审计部门重新回归财务审计，促进财务部门的转型，促进会计控制流程的再造，甚至促进更高层面的集团公司管控，会令管理者充分认识到会计部门或者财务部门是整个管理变革的发动机，而不是简单的支付工厂。那么财务审计职责的回归，反而更加有利于经营审计，尤其是企业管理会计的实施，可能会使管理审计成为可能，管理审计的抓手也就逐步地浮出水面，而不是今天我们所看到的没有边界的管理审计。

三、审计人员应该将自己从低附加值的业务中解脱出来

从价值增值的视角来看，审计业务应该分为低中高三个层级，传统的财务审计工作往往被认为是具有低附加值的、占用大量劳动力的审计业务。在以往的审计工作中，审计经验的传播，更多的是通过师傅带徒弟式的方式向下传授，是通过有经验的审计人员带领没有经验的审计人员，通过说教的方式开展审计业务。师傅不同，结果也会不同，高水平的师傅带出高水平的徒弟。这种师傅带徒弟式的方式往往造成内部审计组织的管理停留于目标管理，而不是流程管理，会令内部审计部门陷入人力资源短缺与管理者需求无限的矛盾之中。

目前，审计部门一年到头忙个不停，但年终总结时，却没有引起领导的重视。这使内部审计人员对自身所从事的工作有一种挫败感。面对无限的审计项目与有限的审计资源，内部审计部门陷入了低效率、无奈、沮丧、无计可施的境地。于是将这种抱怨又重新归统为领导者的不重视、仅停留于表面或者国有企业的体制、管理者的独裁等各种因素中。

其实仔细想一想，当前所从事的审计工作，80%的审计项目是重复性的，低附加值的，可以通过标准化、流程化提高审计效率的项目，或者可以说，这些项目可以充分利用被审计单位已经实现的信息化开展非现场审计，而无须开展现场审计。借用共享服务的理念，如果能够找到审计工作中那些重复性的、可标准化、流程化的、低附加值的并且能够运用信息系统进行改造的审计项目，将这些项目由一个审计共享平台去完成，将大大提高审计效率，释放更多的基础作业审计人员去从事更高端的、管理层最为关注的经营管理决策和战略管工作。那么，这样一种变革是否能够使审计工作更加具有效率、更加富有成效呢？

审计共享平台可以高效解决审计部门内部资源的互通、共享。这些资源包括常用的制度、法律法规、被审计单位基本情况、各种审计类型标准的审计流程、专项审计案例集锦等可以实现标准化、规范化的审计资源。

四、审计人员应学会由自我培训转向培训他人

财务人员与审计人员是一个企业中最热衷于学习的群体，这主要是因为会计制度与审计政策环境变化瞬息万变，所以审计人员每年都表现出了极高的学习热情。但我认为，审计人员应该学会从过去的自我培训逐步地转向将培训引入企业，面向管理者开展培训，逐步增强管理者对内部控制、风险管理、流程再造、公司治理、标准化、精细化管理的重视。当然，更重要的是，要在培训中让管理者认识到内部审计职能在内部控制与风险管理中的正确定位；正确认识内部审计的内部控制评价不是由内部审计人员组织，而是由各部门在自我评价的基础之上，开展的抽样评价；应该正确认识到内部审计在风险管理中

的第三道防线作用；正确认识到内部审计组织部门的独立性、权威性与内部审计人员的客观性，对于确保其职能发挥的重要意义。

五、审计部门应努力构建自身的职业胜任能力框架体系

目前来看，国家已经取消内部审计的从业资格证书，内部审计从业资格考试离我们越来越遥远。这给内部审计人员带来了一个问题：从事内部审计职业没有职业准入标准，好像什么人都可以从事内部审计工作。而做过内部审计、有着多年经验的审计人员会发现，其实不是什么人都可以从事内部审计工作的。有些人天生就适合做审计工作，在审计沟通中游刃有余，而有些人则显得力不从心，甚至带来很多烦恼。这在未来的日子里，内部审计部门应该积极构建一个适合于本企业的胜任能力框架体系。从职业道德、职业特质、职业知识、职业技能四个维度打造不同层级的、不同岗位的内部审计从业人员的胜任能力框架。这个胜任能力框架的应用，经过细化后，可以被应用到内部审计人员的遴选、职业晋升，以及岗位培训之中。否则，会造成内部审计从业队伍的执业资格混乱，内部审计人员止步不前。

内部审计人际关系十大经典语录

语录一：

现实中的内部审计师常常认为自身居于组织内部，自己与被审计单位的人员已经十分熟悉，都是从工作出发，对事不对人，所以就忽略甚至放大了自身的缺点，常常以“我就是这样一个人”而自暴自弃，使自己的工作处于被动状态，不注意自身的职业形象。有自知之明，了解自身的优点和缺点的本质是要告诉我们，作为内部审计师，应该将自身职业形象的树立当成一种习惯，注意研究自我以及他人的优缺点，学会和各种不同性格的人相处，了解对方的兴趣，善于察言观色，一旦找到突破口，就应该有针对性地采取对策。

语录二：

一旦内部审计师的归属感很差，就会不乐于从事这份职业，不乐于在内部审计部门工作，觉得没有工作积极性和兴趣，未来职业生涯的规划是重新回到财务部门。内部审计部门的领导者期望成为CFO，内部审计师期望回到财务部门从事财务工作，这样的内部审计部门迟早会让管理者觉得无用，自然也就不会将更多的优秀资源倾斜到内部审计部门，长此以往，内部审计部门会陷入人际关系的恶性循环。

语录三：

对于企业内部存在的风险，业务部门及其他一线部门最清楚，也最了解，因为他们始终处于企业经营活动的前沿阵地。内部审计师在对这些一线部门审计的过程中，如果没有保持应有的职业审慎性，具备敏锐的目光，没有对本来应该发现的风险保持应有的关注，其形象必将大大受损。反过来，内部审计师除了发现一线部门存在的本来风险之外，还能够从更高的宏观层面指导各部门的风险管理策略，帮助组织发现并评价重要的风险因素，促进组织改进风险管理体系，内部审计组织及审计人员的个人形象都将得到提升。很多人会认为内部审计师是风险管理专家，他们可以通过对风险的把握和评价，实现对风险的控制。这种信任感油然而生，也有利于风险管理建议的贯彻实施。

语录四：

工作效率是评定工作能力的重要指标。为了配合内部审计工作的完成，被审计单位经常会花费大量的时间，如果内部审计工作缺乏效率，会造成被审计单位的反感。虽然审计工作的结果是令人满意的，但被审单位自身的工作可能因此没有完成。于是，在下一次的审计通知到来时，他们就会以忙于某些具体的事务为由，拒绝接受审计。

语录五：

正直，是一个人良好的品质，是客观公正、正直、诚实、坚持原则的体现。现实生活中，人们总是喜欢和正直的人打交道，认为他们有着良好的个人形象。可见，正确的道德观是建立好自己的形象和取得交际成功的关键。虽然我们在前面大量讲述了形成良好个人形象的要素，告诉了大家许多形成良好个人形象的技巧，但是，正直、诚信仍然是所有要素的基础，内部审计师应该培养正直、诚实的观念，不能在被审计单位实施审计服务时是一个样，真正向领导汇报审计结果又是另外一个样，而应该站在客观的立场上，真正解决被审计单位的问题，否则良好的个人形象将难以树立。

语录六：

现实中，被审计方的需求是多样化的，从物质和经济安全上的需求到工作获得认可的需求，也呈现出一定的变化趋势。认识到这些需求，有利于促使被审计方将可疑的问题提供给内部审计师，与内部审计师合作，执行内部审计师的建议。当内部审计师注意到这一激励性的需求时，审计人员可以在审计报告中披露被审计方已经按照规定的标准要求去执行，并且在审计中是由于被审计方的合作行为才使审计工作圆满完成，而不是一味地在审计报告中揭露发现的问题，单纯地展示内部审计师如何高明，这些将有利于为下一次审计建立良好的人际关系打下基础。

语录七：

内部审计部门想要与被审计单位建立良好的人际关系，需要建立在满足被审单位的需求之上，被审计需求得不到满足会带来负面的效应。当然，内部审计并不是毫无原则地满足客户的需求，仍然会在这一过程中促使企业总体目标的实现与保持内部审计自身独立性、客观性。

语录八：

如果人们一谈到内部审计部门，首先想到的就是专横、傲慢，不近人情，工作效率低下，专业水平很差等等，试想一下，这种形象的内部审计师你能够接受吗？更不要提内部审计师还需要得到上司、被审计人和同事的信赖。为此，内部审计师有责任并应该努力帮助人们转变对内部审计的认识，并注意自身良好形象的树立，这对一个从事内部审计职业的工作人员来说十分重要。

语录九：

现实中，无论内部审计的技术如何高明，发现问题的水平如何醍醐灌顶，如果不注意人际关系、不注意沟通，一切都是枉然。这些潜在的人际冲突很有可能使内部审计师卷入与被审计单位人员无限的争吵之中。

语录十：

有效的沟通会促进组织内人际关系的和谐。如果你是一名内部审计经理，能够与下级很好地沟通，表达你的意图，并注意观察审计人员的反常举动，关心他的想法，那么他会在工作中“心甘情愿”地与你共同完成审计任务，达到审计的目标。

如何才能成为具有影响力的首席审计官？

何谓具有影响力？

从理论上讲，影响力作为一种软实力，是指用一种间接或无形的、为别人所乐于接受的方式，改变人的思想、行为或性质的能力。

影响力包括两个方面：一是权力性影响力，二是非权力性影响力。权力性影响力又称强制性影响力，它主要源于法律、职位、习惯和武力等，通过外力推动的方式发挥作用。在这种方式作用下，权力性影响力对人的心理和行为的激励是有限的。构成权力性影响力的因素主要有：法律、职位、习惯、暴力。与权力性影响力相对应的是非权力性影响力，也称非强制性影响力，它主要来源于领导者自身素质和能力等所形成的人格魅力，来源于领导者与被领导者之间的相互感召和相互信赖。构成非权力性影响力的因素主要有：思想因素、知识因素、能力因素、情感因素、品格因素等。

在影响力中，权力影响力和非权力影响力互相影响、互相制约。权力影响力是前提要素，领导者手中必须有实权，方能支配下级，实现领导功能；非权力影响力是基础要素，只有具备专门知识和才干，才容易被下属接受。领导者拥有的非权力影响力可以大大加强权力影响力。因此，非权力影响力是构成领导影响力最坚实的基础，起主导作用。如今，非权力影响力已成为成功领导者的必备素质，同时也逐渐成为衡量领导成功与否的重要标志之一。因此，增强领导者的影响力，主要是指增强领导者的非权力影响力。

何谓具有影响力的首席审计官？

首席审计官（CAE）是指一个企业内部专门从事和负责内部审计活动的最高层级。一般情况下也指内部审计总监或者总审计师，其职级应与首席财务官平行。具有影响力的首席审计官作为首席审计官应该具备的一种软实力，它应该具有影响和改变高级管理层、审计委员会的思想、行为或性质的能力。

为了维护首席审计官的影响力，首先应该从法律法规上确定首席审计官的地位，并对其职责范围做出明确规定，以保证其法定的权力影响力。从西方国家的企业的现实来看，企业一般设置首席审计官，并在内部审计的章程中做出明确规定，根据国际内部审计实务标准的规定，首席审计官的职责主要包括：（1）将内部审计活动的计划和资源需求报告给高级管理层和审计委员会，以便他们审查和批准，报告至少每年一次，这是定期工作；（2）与其他内部或外部的审计和咨询服务提供者进行协调，确保适当的覆盖面，最大限度地减少重复工作；（3）对管理层是否针对已经报告的重大风险采取了适当的行动进行跟踪检查。

其次，首席审计官具有的影响力应该通过非权力影响力去实现。这种非权力影响力会充分体现出一个首席审计官的软实力和综合素质。其核心表现为首席审计官的个人优秀品质和沟通协调能力，而这些又基于首席审计官广博的知识和过硬的执业技能。

首席审计官的影响力体现在哪些方面？

第一，一个具有影响力的首席审计官，应该具有良好的职业道德。古人云：‘其身正，不令而行，其身不正，虽令不从。”首席审计官自身的人格品行优劣是决定其是否具有影响力的关键因素。唯有具有高尚的道德品质，加之良好的主动、热情、沉着冷静、幽默感等性格特质，才能胜任首席审计官这一职位，才能赢得他人的认可和尊敬，才会在组织中具有更大的影响力。

第二，一个具有影响力的首席审计官，其思想应该具有很强的内在感染力，其能够运用个人优秀的品质设身处地站在对方的立场思考问题和交换思想，从对方角度出发提供真诚的意见建议，努力获取沟通对象的信任、支持与配合，从而达到良好的沟通效果，最终增进对他人的影响力。

第三，一个具有影响力的首席审计官，要想帮助本组织形成正确的核心价值观，必须要在工作团队中进行情感投入，部门内部才能形成影响力，员工才会死心塌地地工作。真正有影响力的领导者应该能使其领导的组织成员认同组织的核心价值，并且坚信：这就是我们共同为之奋斗的目标，这就是我们的核心。此外，这种情感投入还包括赞同和赏识员工、培养和关爱员工，并努力创造和而不同、团结创新的工作氛围。这些有助于审计部门的员工从内心真正对领导者产生认同、敬佩、爱戴和依赖。

第四，一个具有影响力的首席审计官，应该学会运用自身在风险管理、公司变革方面的敏锐嗅觉能力影响公司的战略目标和长远规划。首席审计官作为高管层的一员，其对组织的公司战略、风险管理与内部控制有着全面的了解，并持续监控组织经营管理的全过程。因而，其在确定公司的战略使命、发展目标与远景规划方面，在制定公司的风险管理与内部控制制度方面，无疑应发挥其应有的影响力，帮助组织制定出具有前瞻性和先进性的公司战略与远景规划，保证企业的经验管理活动始终坚持正确的方向，从而帮助组织更好、更快地健康发展。

第五，一个具有影响力的首席审计官，应该学会利用审计委员会的权威性。审计委员会的设置有着提高首席审计官的地位和发言权、增强内部审计工作的独立性和权威性、保证治理层监督的专业性和效率性等多方面益处。首席审计官在日常工作中保持着与审计委员会的直接联系，并出席审计委员会的会议，定期向审计委员会报告工作和交换审计意见，而审计委员会并不直接参与经营和审计活动，因此，首席审计官的影响力将直接影响到审计委员会的正确判断，进而影响到董事会和高管层。这些有助于内部审计部门获得业务客户的协作并在不受干扰的情况下开展工作，防止由于审计范围和预算受到限制而阻碍了内部审计部门履行其职责。

第六，一个具有影响力的首席审计官，必须直接且无限制地与高级管理层和董事会接触。而这一要求可以通过权力影响力建立双重报告关系来实现，即职能上向董事会的审计委员会报告，行政上向最高管理层报告。至少首席审计执行官应向组织内拥有充分权力、能够促进独立性并保证广泛的审计范围、能充分考虑审计报告并依据审计意见采取适当行动的人报告。

第七，一个具有影响力的首席审计官，必须善于利用与高管层和董事会接触的机会。由于首席审计执行官必须定期向高级管理层和董事会报告内部审计活动的宗旨、权利、职责及其与计划有关的工作开展情况，报告中还必须包括重大风险披露和控制事项，其中包括舞弊风险、治理以及高级管理层和董事会需要或要求的其他事项。因此，是否具有影响力，将直接影响到首席审计官的沟通效果。如果具有影响力的首席审计官与董事会保持了密切的沟通关系，有利于促进首席审计官获取董事会和审计委员会的支持与信任，向审计委员会争取到必要的人员和外部资源的能力，以确保审计工作的顺利开展，同时促进审计结论和审计建议的贯彻落实，巩固加强内部审计部门在企业中的地位与作用。

风险管理审计与风险基础审计是一回事儿吗?

内部审计师对于风险管理的关注使内部审计从“数豆子”转变为关注威胁组织价值创造的风险因素，这种转变对于内部审计师知识和技能的要求产生了深刻的变化，它要求内部审计师和风险管理部门共享某些知识、技能和价值观。例如，他们都应了解公司治理的要求，具有项目管理、分析和推进技巧，重视良好的风险平衡而不是极端地承担或者逃避风险。然而，风险管理部门只为组织的最高管理层服务，不必为审计委员会提供独立和客观的服务。内部审计师在介入企业全面风险管理时也不应该低估风险管理的专业知识，甚至应该学会利用风险管理的知识，将这些知识运用于评价风险管理的有效性。这时，在内部审计领域产生了两个有趣的概念，一个是风险（管理）审计，另一个是风险基础审计，两者是否是同一个概念?

我们可以肯定回答：不是。简单地说，风险（管理）审计是对组织的风险管理进行的审计，风险管理是审计的对象、审计的内容；审计的目的是确认组织风险管理流程的有效性，并提供相应的咨询建议。更为确切的风险管理审计的定义是指采用一种系统化、规范化的方法，确定企业风险管理有效性的过程，包括确认和评价企业目标设定、风险识别、风险应对及监督等风险管理活动的缺陷和缺陷等级，分析缺陷的形成原因，提出改进风险管理的建议，从而帮助企业实现目标。可见，风险（管理）审计作为一种具体的审计业务，它主要服务于企业的管理层。

风险基础审计是内部审计的一种方法模式，它是在账项基础审计、制度基础审计之后的一种审计方法，更重要的是，它还是一种审计的思路。这时我们所说的风险是指审计风险，其含义更加倾向于审计主体的风险而不是客体的风险。目前，风险基础审计方法模式最主要的应用领域是在外部的审计。风险基础审计方法模式在内部审计领域中的应用，改变了过去审计人员依赖审计经验做出高风险领域的定性判断习惯，促使审计人员将定量与定性相结合的分析程序运用于审计的全过程之中，尤其是在审计计划阶段，将计划与风险评估相互结合，将有限的审计资源集中到高风险领域，优先选择这些项目作为年度审计计划的组成部分，将审计项目的选择与企业目标相联系。也可以这样理解，内部审计领域运用风险基础审计方法模式是在考虑内部审计部门促进企业增加价值的目标基础上，考虑自身也是组织的一个部门，也应从降低组织的成本、促进价值增值的视角出发，降低审计成本，提高审计效率，提高自身审计效果。风险基础审计要求内部审计部门在运用这种模式时，考虑与外部审计的区别，不能单纯地以降低审计风险为目标，还应兼顾降低企业经营风险的审计目标，在审计全过程中自始至终关注风险，依据风险选择项目，识别风险，测试管理层降低风险的方法，并以风险为中心出具审计报告，协助企业进行风险管理。区别于风险管理审计，这种方法的运用主要是为了服务于审计部门，保证审计效率效果性。

内部审计人员有“三条命”

近日看到一则微信推送，原文如下：平庸的人有一条命：性命；优秀的人有两条命：性命和生命；卓越的人有三条命：性命、生命和使命，它们分别代表了生存、生活和责任！这句话，道出了人生的三种境界。

从呱呱坠地那一刻起，我们就拥有了属于自己的性命。每个人的性命只有一次，是活得精彩、轰轰烈烈，还是落魄、黯然无光？其实，无论平庸、优秀还是卓越，都只是一个选择。每个人在人生道路上都拥有同等的机会，问题在于是否把握住了机会。

有人说平庸也不错，平平淡淡也是一种幸福。其实没有对错可言。平庸的人只为了生存而存在，他们只追求一日三餐的温饱，没有高远的目标，亦没有伟大的理想，每一天都重复着昨天的故事。这样的人，毕生都没能走出人生的第一境界。

现实中，内部审计人员也有三条命。

当你不经意间成为一名内部审计师的时候，你会如何选择呢？平庸的内部审计人员总是受制于单位领导的重视程度，一味埋怨自身生存环境不好，期待某一天通过环境的变化来改变自我。现实中的组织架构合久必分、分久必合，使内部审计人员总是生活在心惊肉跳之中。因此，平庸的内部审计人员总是坐观其变，期待通过环境的变化来改变自身的生存条件。因此认为，能够生存下来，部门不被合并就是人生最大的期待。

优秀的人在珍惜性命的同时，更注意提高内在修养和生活质量。他们认为“我们不能决定性命的长度，但能拓宽性命的广度”。生活有了更广阔的空间，性命自然更有意义，就可以当之无愧地称之为“生命”。显然，在做人的格调上，生命比性命更胜一筹，此乃人生的第二境界。

与之相比，优秀的内部审计人员则更加注重自身能力的提升，他们认为应该得到领导的重视、单位同事的理解；认为内部审计人员应该意识到“有为才能有位”。对比现实，内部审计人员大多财务出身，对于业务知识、管理理解的高度尚为欠缺。因此，他们便主动改变自我，不断地提升自我，通过积极地沟通实现管理者与业务人员对内部审计人员正确定位和职能最大限度的理解，通过提供和参与咨询实现内部审计人员从生存走向生活。

卓越的人比其他人多了一个使命。使命，是一定要把事情做成的责任，是对国家、对社会、对人民的一种责任。他们把自己的生命同国家、民族甚至整个人类的命运紧紧联系起来，肩上有着沉甸甸的担当，就是神圣的使命。毋庸置疑，使命是远远高于性命和生命之上的第三种境界。

没有使命，再优秀的生命，也走不出人生的精彩。一个人可以过得很精彩，可那毕竟还是个人的事情，能不能对国家、对社会、对人民有一点点的贡献，这是使命感！使命感是动力的内在源泉，没有明确使命感的人走不了太远。一个人会成功，首先一定要目标明确，其次一定要有清晰的使命和理念。

卓越的内部审计人员会选择将内部审计职业作为自己一生的职业归属，热爱并致力于推动这个职业的发展，将职业道德与社会责任作为自身的使命。好比美国的辛西娅·库伯，好比内部审计大师索耶，他们都在不同的领域中将内部审计职业发挥到极致。在组织中，内部审计人员应努力树立自身的职业形象，“有为才能有位”仅实现了第一步，更重要的是要有所为还要有所不为，这样才能实现职业化。内部审计人员如果一味地介入事前、事中，很容易成为承担管理者职责的运动员，而忽视了裁判员的本质。应该认识到，舞弊和内部控制仍然是内部审计人员的根基，它不会因为现实需求的改变而一味迎合，更重要的是运用自身的职业与职能定位实现职业化行为。

使命是需要自己去寻找的。上帝说：“人生最大的工作，就是去找一份适当的工作；人生最大的使命，就是去找出自己的使命，活出自己的人生。”当可以让自己活得更好的时候，就可以撒播自身的影响力来造福人群，让更多的人活得更好。

现实中，内部审计职业的确走到了十字路口，需要对未来进行选择。人是应该有点使命感的。目前的你，处于内部审计职业人生中的哪一个阶段呢？

内部审计部门进行自我营销有用吗?

我们先谈论一个话题，审计部门是否需要营销？

一直以来，审计部门都被认为是一个低调的后台部门，审计只需要兢兢业业把事情做好即可，审计不需要营销，审计做到“有为就有位”了。

在我培训的生涯中接触过很多内部审计部门负责人，他们给我的一个普遍特征是：谨小慎微、不喜欢出风头、凡事都是把风险放在第一位、爱发牢骚、内向、倔强、能吃苦、缺乏安全感……

这些内部审计部门负责人的特质造就了审计部门的低调、沉闷、工作乏味、留不住优秀的人才、人际关系冲突增多、抱怨审计工作难做，审计部门不能得到领导的重视。

事实上，造成这些问题的原因是缺乏营销，没有让更多的管理层、被审计单位、社会正确认识内部审计，在权威性、独立性差的企业，内部审计部门就会成为任人宰割的羔羊，要么不重视，要么重视过头，定位不准，外行领导内行干事。现实中的“运动员”与“裁判员”经常错位就是这个原因。因此，审计部门需要营销，告诉周边的利益相关者，内部审计到底是什么？内部审计应该有所为有所不为。

那么，内部审计部门如何营销？

我认为，可以通过几个层面进行营销。

第一，要向最高管理层营销。最高管理层其实就是通常所说的一把手。整个企业的管理目前来看都是一把手工程，包括预算管理、内部控制建设、投资融资、组织架构、战略目标设定、人力资源上的招聘与任命。表面上看企业公司治理十分完美，是受到制衡的，一把手不会权力过大，其实从实质上的权力分配来看，还是一把手说了算。因此，内部审计在一把手心目中是什么样子，这个很重要。这就要求内部审计部门负责人要学会抓住一切可能的机会向最高管理层营销。

例如，在岁末年初制订审计计划的时候，一定要学会研读一把手的讲话精神、会议纪要，抓住其关注的重点进行审计，当然在正式确定审计计划前，要学会征求一把手的意见。审计部门不要自以为是，要学会尊重领导的意见，审计的重点要学会让“他”说出来。在执行审计计划期间，应该学会通过审计简报的形式，及时告知一把手审计做了哪些工作，取得了哪些成效，需要哪些支持和配合。在每月或者每季度举行的管理层会议上，审计部门要努力争取列席会议，表达审计部门的诉求和做出必要的提示，当然要有理有据，有节有度。在审计报告阶段要注意区分哪些应该与一把手沟通，哪些不需要与一把手沟通，不要眉毛胡子一把抓，什么鸡毛蒜皮的问题全都汇报给一把手，而应该注意选择一把手在年初制定审计计划中最为关注的话题进行汇报。一旦引起一把手的关注，就要把握住机会，提出积极的改进建议，从大处着眼、从机制和体制上修正此事，表现出内部审计部门的管理高瞻远瞩。并且，要学会利用管理者的重视树立内审部门在被审计单位眼中的权威性，否则会导致费了好大劲查出来的问题，被审计单位最终却拒绝进行整改。内部审计部门要充分利用管理层在闲暇的学习、培训中引入内部审计培训，当然不要直白地说内部审计如何重要，这显然是“王婆卖瓜自卖自夸”。要学会借用外部的力量从内部控制、风险管理、公司治理的角度引出内部审计，引发他们对于内部审计的正确认识和正确定位。内部审计部门要学会利用一切可能的时机营销自己，否则就没有内部审计部门的生存空间和土壤了。

第二，要学会向被审计单位、部门领导营销。首先，内部审计应该学会向最高管理层索要尚方宝剑，这就是董事会内部审计的章程或者内部审计的制度手册，也是内部审计部门面向被审计单位最好的宣传。其次，当然鸡毛不能真当令箭，要学会利用这种权威性，提倡参与式审计，及时征求被审计单位意见。内部审计部门切忌把自己搞得过于神秘，这会给别人带来一种恐慌或者恐惧感，自然就会引发不配合。日常生活中，内部审计要学会通过内刊、培训、网站、微信公众号正确宣传自己，尤其要避免监督，更多宣传咨询服务。

第三，打铁还需自身硬。内部审计部门最好的营销就是专业性。前面讲的都是一些技巧，更重要的前提还是内部审计本身的专业性。审计部门的人员不必多而在于精。内审在企业充当的是一种专家行为，内审的特长是内部控制、风险管理，甚至内审能够站在更高的层面帮助最高管理层提前规避可能出现的问题，提供信息以有利于战略决策。咨询服务不是放弃独立性，内部审计不能承担本来应该由被审计单位和管理层承担的责任，审计也不能免除这些责任。审计重要的角色是裁判员而不是运动员，监控流程的运行而不是成为流程的一个组成环节。这些都需要在日常活动中体现内部审计人员的专业性。这种专业来自内部审计人员不断的学习和认知、感悟。

内部审计能参与采购吗？

扫码观看视频

现实中，由于人们对内部审计职能的界定与功能认识上存在误区，很多内部审计部门参与了采购环节，并参与了采购决策，严重违背了独立性原则。但现实中，内部审计介入采购却是一种普遍做法。究其原因，既有内部部门及高层领导者认识的误区，也有采购部门希望内部审计部门介入，进行背书的需求。

首先，我们如何正确认识内部审计的独立性评价。内部审计是监督部门，可以确认服务，在确认基础上可以咨询服务，但咨询服务，不应替代被审单位的职责。那么当采购需要审计时，审计部门承担了什么职责，审计目标又是什么？

以物资采购审计为例，根据《内部审计实务指南第2号——物资采购审计》，物资采购审计的目的是改善物资采购质量，降低采购费用，维护组织的合法权益，促进组织价值的增加及目标的实现。

物资采购审计是对物资采购全过程实施的监督和评价，是财务审计与管理审计的融合。物资采购审计的主要内容包括审计物资采购内部控制、采购计划、采购合同、采购招标、供货商选择、采购数量、采购价格、采购质量、物资保管、结算付款以及物资采购期后事项等；

还包括内部审计人员有责任警示被审计单位关注物资采购的现有和潜在风险。

但这些是否就意味着审计成为采购流程中的重要审批环节？这是两回事情。

审计要在流程之外看流程，要在环节之外看环节，在制度之外看制度。言外之意，审计是要解决问题，解决采购全过程的合规合法、执行效果，但不能保证和代替执行者在这个过程中提高采购质量和采购合法化，避免舞弊。

审计永远是按照合法性、完整性、真实性、有效性，去规范采购流程，规范采购质量，但不能替代，仅是揭示和指出，并提出有效的建议，供领导者决策，但不能替代领导者决策。

现实中，这个度很难把握，一旦把握不好，审计就会成为所有审核环节的最后环节，造成整个决策过程和执行过程的形式化。因为大家认为都是审计在把关，前面的无所谓，最终不利于前面过程的完善和高质量的发展，容易出现屡审屡犯的问题。

总结来说，如果内部审计要介入采购，就要把握好自己的职责角色，不能替代本应由财务监督、法务监督、第三方监督应发挥的职责。内部审计应该介入采购活动之中，充分发挥审计的监督与咨询作用，但前提条件是规则之外看规则，流程之外看流程，千万不能运动员也做，裁判员也做，这是严重违背独立性原则，且受累还不讨好的事情。

审计关口前移：到底谁的错？

在内部审计理论研究与实践中，人们特别倡导的一个发展与创新理念是审计应从事后走向事前、事中。

当然，这不是什么新鲜话题。但是在我从事教学的工作当中，却有很多实务工作者表示了极大的困惑。因为，他们不知道在参与合同会签、基建工程跟踪审计过程中的项目规划与项目概算等事前事中活动中到底是否应该发表专业意见？如果不发表意见，那为什么理论界要提出让审计介入事前事中？可是，发表意见可能独立性会受到影响，集运动员与裁判员于一身，且在许多领域中内部审计是外行而不是专家。

审计从事后走向事前、事中，事实上是审计关口前移的问题。关口前移有利于提前发现问题，并将风险消灭于萌芽状态。

关口前移不是简单地将审计监督置于工作流程的前端与中段。由于很多业务事项并未发生，此时审计不是以检查评估为主要目的，而是以预防风险为主。这时，它所发挥的服务是咨询服务而不是确认服务。也就是说，它不是基于已经发生的事实提供评价和建议，而是就有关风险事项对目标实现的结果可能造成的影响提供评价和建议。这也是审计从发现型和复合型，向增值型与服务型、预防型转变的一个标志。

然而，国际内部审计实务标准规定，咨询服务是有前提条件的。咨询服务是以不承担管理者职责为前提。在前端程序的控制链条，建立控制是业务管理者的职责，而不是内部审计的职责。审计更不应该充当控制手段介入前端和中端。审计介入前端和终端的目的是发表咨询意见，进行重大风险提示，了解运行过程中控制手段的完善程度，提供控制完善的专业咨询意见，这些活动的目的最终还是合理保证事后结果的有效性，而不是亡羊补牢为时晚矣。具体来说，内部审计是对前端、中端有没有控制发表评价意见，在有效控制的前提下，内部审计针对控制能否预防性地发现风险发表专业风险提示意见。

以合同会签为例，内部审计不应该参与合同费用是否支付，合同条款是否合规承担责任的讨论，而应该对合同会签的程序是否合规，以及合同会签中的风险发表意见。

在实践中，内部审计会逐渐发现，其介入事前事中最大的障碍在于，内部审计并不是所有方面的专家，内部审计也不可能事事精通。介入事前事中，审计关口前移审计并没有错误，但应该注意所应当承担的职责范围。内部审计部门此时不能发表具有倾向性的意见，如同意或不同意。内部审计部门可以发表，符合程序、符合流程，以及进行风险提示的专业意见。

为什么会出现这个问题？我一直在思考。

在当前管理会计盛行的今天，会计职业最大的问题是没有介入业务过程，也就是我们通常所说的业财一体化。业财一体化是会计监督业务的一个很重要的手段。

会计往往有两大职能，一个是反映，另一个是监督，这个监督是对业务的监督。对业务的监督应该发挥的是会计控制的职能，前提条件是会计对业务的理解十分深刻，并且为业务目标的实现和顺利进行制定了全流程的会计控制手段。审计关口前移并不是代替会计控制手段发挥作用。如果会计控制仅停留于对会计数字以及一些商务条款合规性的检查，没有发挥会计监督的应有作用，会计出身的审计很容易被视作会计控制介入流程之中，并发表具有倾向性的同意或者不同意的意见，这显然是越俎代庖。

通过以上论述，我们就会发现，审计介入事前事中所出现的专业困惑，不是审计的错，而是会计没有发挥应有的作用所造成的误解。又由于内部审计实务界对专业标准的理解不够，自然很容易被利用，走入“运动员”系列里去了。

研究型审计要干什么？

扫码观看视频

研究型审计，单纯从这个词来看，就是研究+审计，但是，这并不意味着研究型审计就是两者的简单相加，而是需要将研究作为工作方法，将研究型审计思维贯穿项目实施全过程，构建审计研究闭环链条，切实提高项目实施效率和审计成果质量。

整个过程就如同中医的诊疗过程一样，以被审计单位为诊疗对象，从审前调查、审计实施、审计报告和审后评估四个阶段开展研究型审计。

一、审前调查阶段

在审前调查阶段，审计人员想要发现问题，就要做好准备工作。中医想要发现病患的问题，就要有深厚的医学积累和充足的诊疗准备。研究型审计也是如此。审计人员在开展审计工作之前需要充分了解被审计单位所处的环境和单位情况，用相关法律法规和政策文件丰富自己的理论知识，通过理论分析和实地调研把握工作重点，进而制订审计工作方案。正所谓“知之愈明，则行之愈笃”，只有准备充分才能为后续工作开展打下坚实基础。

二、审计实施阶段

在审计实施阶段，审计人员要通过实施审计方案，发现审计问题，收集审计证据，得出审计结论，提出审计建议，形成取证底稿。中医在诊断过程中讲究望闻问切，通过观察对象的整体面貌等细节来判断病因。

而研究型审计与中医的诊断方式也有相似之处，审计人员既要聚焦微观，遇到问题多研究一层，多思考一分；又要对典型问题深入剖析，透过现象看本质，以点带面，见微知著。这样审计人员才能从具体问题出发，上升到一般规律，做到跳出审计看审计。

三、审计报告阶段

和一般审计不同的是，在出具审计报告阶段，研究型审计需要形成研究报告或者研究论文，深入分析问题背后深层次原因，就健全体制机制、完善治理体系提出对策建议。这就需要审计人员通过为被审计单位把脉问症，从而利用审计报告对症下药，实现“治已病、防未病”，对被审计单位精准画像。

四、审后评估阶段

在审计评估阶段，这不仅是对被审计单位审计结果的评价，更是一个审计人员自我提升的过程。中医在完成诊疗之后往往会对用药和治疗结果进行记录，最后形成属于自己的病例库。

审计人员则要对审计结果进行总结和分析，一方面要分析审计过程中的优点与不足，形成更多可推广、可复制的经验做法；另一方面要形成审计人员的“病例库”，推进审计工作标准化、规范化。

五、研究型审计的作用

随着时代快速发展、新事物层出不穷，审计环境、审计对象、审计内容、技术手段都发生着很大的变化。面对这样的挑战，审计工作的方式和方法都需要进一步发展与提升，最终形成从个别到一般、从孤立到系统的审计，这便是开展研究型审计的意义所在。

而除了审计工作的发展与提升，研究型审计也离不开审计人员的自我提高。研究型审计要求审计人员有研究思维，以问题为导向，打破砂锅问到底，形成对审计问题思路和方法的规律性认识，进而解决问题。

总而言之，研究型审计需要审计人员具备研究思维，将研究融入日常工作方方面面，从而真正发挥审计的建设性作用。

审计为国企改革保驾护航

党的十八大以来，国企改革备受社会关注，审计监督如何更好地发挥免疫系统作用和国家治理功能经常在理论界和实务界引发争鸣。新一轮的国企改革审计应关注客观审计对象的现实与审计自身的能力，找准审计方向，以有效发挥审计作为国家治理的基石和重要保障作用。

一、国企改革风险丛生

欲思其利，必虑其害，欲思其成，必虑其败。国企改革也必然要思考其两面性。

首先国有企业必须改革。随着经济增速放缓，国有企业大量传统经济的战略布局，使行业收入增速显著下滑。在下滑的同时，成本和库存也在对比之下显著增加。这时的国企改革应从外部、内部两个方面着手推进。从外部来看，应积极利用国家“一带一路”、京津冀协同发展、长江经济带等三大重点区域的战略实施，以新型工业化、信息化、城镇化、农业现代化推进国企改革，享用改革带来的政策红利、开放红利和创新红利。从内部来看，国有企业必须加强内部现代企业制度的完善，提升精细化管理水平，加大管控力度与风险管理水平，降低资金压力与管理成本，逐步实施精细化管理，提高决策的效率与效果性，实现向管理要效益。

其次，在面临机遇的同时，国企改革应关注改革过程中衍生出来的重大风险。例如，混合所有制改革在带来活力的同时，也要注意一些决策者对政策的误用和错误理解，是否会出现利用股权改革继续鼓励重大基础设施与重资产的投资，使经济增长继续靠投资拉动，反而进一步恶化国民经济总体结构，带来比例失衡。再如，从国有企业的内部管理来看，虽然，2004年和2008年国有企业分别建立了风险管理体系和内部控制体系，但从实际执行效果来看，几乎形同虚设，时至今日，最大的问题还是有效执行并融入现有的管理体系。因此，国有企业在产业转型、对外走出去的改革过程中，仍然存在大而不强、一把手权力过大、信息沟通不畅、部门岗位职责划分不清、分子公司失控、信息化程度低等突出的内部管理问题。这些不足会造成国有企业整体抵御内外部风险的能力比较差，在改革过程中会潜存不少风险隐患。

二、国企改革必须接受审计

从理论上来说，国有企业的国有资本性质决定了国有企业必须接受政府审计机关的审计。从审计依据上来说，根据中共中央办公厅、国务院办公厅最新印发的《关于深化国有企业和国有资本审计监督的若干意见》，审计机关必须做到“国有企业、国有资本走到哪里，审计就跟进到哪里，不留死角”。从必要性上来说，国有企业是国民经济发展中的重要支柱，是国有资产的重要组成部分，其稳定发展关系着国民经济的命脉，也是保障人民群众切身利益、推动国家长治久安的基础。审计可以及时发现国有企业在改革过程中经营管理存在的缺陷和问题，并从宏观角度和微观层面，提出科学合理的建议，充分发挥审计的监督、评价等功能，在保障国有企业稳定健康发展的同时，也可以提高国家治理和反腐的效果，以维护国家财政经济秩序，保障国民经济稳定健康发展。

三、国企改革过程中审计大有作为

审计不会阻碍国企改革，也不会束缚国企领导人的手脚，让其无所作为。审计是为了帮助国企领导人从外部的角度审视自身在改革过程中所面临的各种体制性风险、决策性风险、内部管理风险等重大风险问题，从体制建议、政策建议、管理完善建议上，不断增强国有经济的活力、控制力、影响力和抗风险能力，加强对国企领导人的外部监督，避免决策失误，促进深化改革，防范国有资产流失。

从近年的审计公告来看，审计首先从经营成果的真实性上进行了合理保证，为国家整体改革战略的正确决策提供数据支撑。其次，从制度建设上，审计通过对内部控制与风险管理体系测试，从流程管理完善的角度提出遵循重大议事决策规则、预防重大风险隐患等明确的完善建议。再次，从国家政策的落实跟踪角度上，围绕“三去一降一补”、加快供给侧结构性改革等国家宏观经济政策方面的贯彻执行进行了审计，以保障政令畅通、提高政策的执行力。最后，内部管理上，通过检查和政策建议推动企业发展方式向质量效益型转变，促进国有企业瘦身健体、提质增效并揭示相关政策措施在贯彻落实过程中存在的突出问题和遇到的困难，有利于下一步国企改革的顺利完成。

四、审计应找准方向而不是无所不能

针对国企改革，审计也不可能无所不能。受审计资源的限制，审计还是有其局限性的。因此，审计在全覆盖的方向上应该是有重点、有选择的。

第一，侧重于风险导向。例如，在国企混改过程中，应关注方案流程设计、资产价值认定等风险环节，防止国有资产贱卖，既要帮助推进混改，又要有效防范资产流失风险。

第二，从问题导向走向制度流程导向。应针对历年审计中屡审屡犯的问题，运用制度、流程导向的完善建议，推动国有企业内部控制建设落地实施，促进国有企业苦练内功，提质增效，真正做强、做优、做大。

第三，从治理导向关注企业一把手的权力运行与议事决策机制，加强问责，促进企业科学决策。

第四，从反腐导向披露违反廉洁从业规定和中央八项规定精神，为相关违纪问题的处理提供线索和信息的来源，避免重复监督。

第五，为了有效保证国企改革的审计质量，审计应注意未来信息技术推进所带来的大数据信息的应用，实现现场审计与在线大数据审计相互结合，以节约审计资源，逐步实现全覆盖。否则，审计资源的有效性会影响审计效果的发挥，更难以实现经常性审计。

第六篇

向德鲁克学管理

SIX

CHAPTER ▶

管理的本质是什么？

扫码观看视频

彼得·德鲁克是享誉世界的现代管理学之父，他所创造的现代管理学广为人知，尽管他对社会学、经济学的贡献很大，但其实他认为自己更是一名社会生态学者，更关心人在社会环境中的生存状况，管理则是用来改善社会和人的工具。

我是会计、审计学的教授，为什么在这里分享德鲁克的管理思想，这主要源于会计与审计正在向管理会计与管理审计发展。

对于会计来说，对外需要发挥其社会功能，传递有价值的信息，对内发挥的是控制的功能。但对于内部的管理者来说，需要会计传递更多针对业务和战略有价值的管理信息，服务于业务和管理层。所以首先懂得管理，才能做好管理会计。

正所谓，知己知彼，方能百战百胜。审计也是如此，如果仅是一味地查问题，找问题，却不解决问题，就不可能体现更多的价值，所以需要从经济性、效率性、效果性去理解管理审计。对于企业内部治理来说是管理审计，对于社会治理来说就是效益审计，强调绩效审计就是这个道理。

学管理，首先面临着一个问题，管理是什么？或者说管理的本质是什么？

对此，德鲁克认为，无论大企业还是小企业，管理和管理者都是其特定需求，是每个组织的特有“器官”。他们负责把组织凝聚在一起，发挥着应有的职能。

显然，尽管都在从事管理，小企业和大企业对于管理的需求是不同的。德鲁克对此将其比喻为两种生物：一个是由坚硬的外壳包裹在一起的昆虫，另一个是由骨骼支撑的脊椎动物。

昆虫的体型不过几英寸，要想更大，必须要有骨骼支撑，昆虫不可能从硬壳中进化出来骨骼，他们是不同的器官，各自有各自的起源。其实，当企业的规模和复杂性达到一定程度时，管理就应运而生了。

那么，企业什么时候必须从硬壳转变为骨骼呢？答案是，当生产线的规模达到300名至1000名雇员时，当各类任务必须要经过协调、合作、沟通才能推进时，组织就产生了对于管理和管理者的需求。如果没有管理，事情就会失控，计划就不能转化为行动，甚至各自为政。最终导致推进速度不同，时间节点不同，目标存在差异性。

德鲁克认为，可能有的组织其产品或者服务非常卓越，合伙者及其成员能力水平高超、勇于奉献，领导者自身也是一个有效掌握权力的个体，沟通能力强，影响他人的能力更强。长此以往，除非企业转变为以管理和管理者为代表的骨架结构，否则很容易出现挫折，业务停止，并迅速走向衰落。

德鲁克还认为，没有现代的组织，就不会有管理；反之，没有管理，也没有现代组织。组织是社会的一个器官，其存在是为了给社会、经济和个人做出必要的贡献；管理使各类组织都能够有所贡献。

说到这里，可能大家都迷糊了，到底什么是管理呢？现实中，很多人把管理当成一种工具，认为管理是用来操控的，因为它的目标是通过操纵工作者的行为让工作有结果。对于这一点，德鲁克是坚决不同意的。

德鲁克认为，管理是任务。这个任务具体体现为三个方面：

第一个任务是界定组织的特定目的与使命；

第二个任务是促使工作具有生产力，员工有所成就；

第三个任务是管理社会影响与社会责任。

企业是为了哪些需求者，为了哪些客户服务呢？社会上有一部分人的某种需求可能未被满足，于是企业看到这个市场空白，就会设计一种产品、一种服务来满足这个需求。有需求的这部分人认为这个产品或服务终于满足了自身需求，无论多少钱都愿意买。

对此，德鲁克认为企业存在的目的不是满足顾客，而是创造顾客。企业本质上是利他的，企业存在的本身就是在承担一种社会责任。因为企业创造了顾客，生产出产品和服务就是在承担社会责任。赚钱只是企业为顾客创造价值之后的一个附加品，它是结果而不是目的。

德鲁克的管理学最根本的地方就在这里，他不是教人们如何生存和发财，怎么成为一个著名的、引人注目的、有社会地位的成功者和企业家，而是教人们怎么通过工作使自己的人生有意义。这个有意义的根本，一定在于为他人创造了价值，为他人创造了福利。

所以，管理学不是成功学，也不是生存学。管理学当然也追求成功，但是它追求的是有意义的成功、创造价值的成功、为别人带来好处的成功，这是不一样的。

这里有一个与德鲁克所谈的管理本质不谋而合的案例。

1961年，是京都陶瓷创立的第三年。11名员工联合起来，给稻盛和夫写了一份请愿书，希望公司能做出承诺，加薪和发放奖金，否则就准备辞职不干。稻盛和夫觉得自己没有办法答应这个条件，只要公司正常发展，员工不要求，他也会让大家有更高的收入。但是公司刚刚开始创业，他没有办法做出保证。稻盛和夫当时租住在公司附近，把这十几个人都请到家里面，促膝长谈了三天，员工们一个又一个地被说服了，最后只剩下一个人还在坚持。

虽然此次谈话很成功，但稻盛和夫却陷入了深深的怀疑和沮丧中，他在自己的自传里这样描述：“交涉后的我，被疲惫而沉重的心情笼罩着。我连家乡的父母同胞都没能照顾好，但是却必须要为这些员工的一生负责。最初创业的目的，只是想让自己的技术问世，如今背负着这样的重担，这才是所谓的公司经营吗？始料未及的压力和疑惑，让我烦闷不已。经过几周的痛苦折磨，我想通了。如果为了追寻作为技术员的浪漫理想而展开经营的话，即使成功了，也不过是牺牲员工带来的虚假繁荣。但是，公司应该有着更重要的使命。经营公司最根本的目的是必须永远保障员工及其家人的生活，以公司员工的幸福为目标。想明白这些，心中豁然开朗。由于这次经历，我提出了这样的经营理念：追求全体员工物质与精神两方面的幸福。京都陶瓷，从以实现我个人理想为目标的公司，转变为以实现全体员工幸福为目标的公司。”

尽管如此，稻盛和夫还是觉得有些不足。自己的人生只是为了养活照料员工而已吗？作为社会的一员，应当有倾其一生而要承担的崇高使命。因此，作为终生追求的理念，后来他又加上了“为人类社会的进步发展做出贡献”这样的内容。

因为这些员工的挑战因祸得福，让稻盛和夫发现，如果希望公司能够持续的发展，至少要看到员工加入公司是为了追求自己的幸福。这也是他自己追求作为一个技术员的理想的同时要关注的问题。

让我们回到最初的问题，如果一个组织的领导者志存高远，追求卓越，那么面对的一个挑战就是让公司从一摊小生意变成一家专业运作的公司。这时候就要思考，究竟什么是一个专业运作的、可以持续发展的组织？组织的本质是什么？与之相关的管理的本质又是什么？

可见，管理的本质，就是激发和释放每一个人的善意。对别人的同情，愿意为别人服务，这是一种善意；愿意帮人家改善生存环境、工作环境，也是一种善意。管理者要做的是激发和释放人本身固有的潜能，创造价值，为他人谋福祉。这就是管理的本质，这些构成了三项任务的重要目标。

卓有成效的管理者应该掌握的五个习惯

扫码观看视频

“心智决定视野，视野决定格局，格局决定命运，命运决定未来。”这可以说是德鲁克一生的写照。德鲁克通过自我管理奠定了其“大师中的大师”的地位，以自身的成就彰显了“自我管理”的价值。

《卓有成效的管理者》是管理学大师德鲁克在1966年出版的一本关于组织理论方面的经典书籍，该书曾被译成几十种语言，畅销全世界130多个国家，是深刻影响全球商界、政界高层人士的一本最为出名的管理学著作。

什么是管理者？德鲁克认为，在一个现代组织里，每一位知识工作者如果能够因其职位和知识，对该组织负有贡献的责任，从而能够实质地影响该组织的经营及达成成果，就是一位管理者。

关于管理者的认知，德鲁克不认为管理者就是管理别人的人，经理人可以是管理者，非主管的人也可以是管理者。在一个组织中，我们不仅需要经理人，还需要能做出贡献的专业人才。管理者也不能以是否有更多的下属来判断。

在复杂的情形下，每个人都是自己的管理者。尽管有人单兵作战，虽然没有下属，但是他也仍然算是管理者。例如，从财务角度，对某种产品进行决策，可能是资深的副总裁，也可能是一位普通职员。

因此，德鲁克认为，管理者泛指知识工作者、经理人员和专业人员，他们需要在自己的职位上利用知识做出影响整体绩效和成果的决策。不论职位高低，只要你是一位管理者，就必须力求卓有成效。

关于什么是有效性？德鲁克认为，有效性是管理者达成目标和绩效的必要手段。管理者的有效性不是天才和通才的人与生俱来的，有效性是可以学会的而且也是必须学会的。

有效性是一种后天的习惯，一种实践的综合。一个人如果没有经过训练，无论有多大的智慧、多大的努力、多大的想象力和多么丰富的知识，也必然是一位缺乏有效性的管理者。

有效的管理者需要具备哪些特质呢？下面是卓有成效的管理者必须养成的五项习惯。

一、有效的管理者通常会主动掌控自己的时间

“有效的管理者并不是一开始就着手工作，他们往往会从时间安排上着手。他们并不以计划为起点，认识清楚自己的时间用在什么地方才是起点。”记录时间、管理时间、统一安排可以自由支配的时间这三个步骤是管理者有效性的基础。

二、有效的管理者通常重视对外部的贡献

作为管理者，我能贡献些什么？管理者往往不会一接到工作就扎进去，更不会一开始就探究技术和手段，他们会首先问问自己：“别人期望我做出什么成果？”

“重视贡献会让你在一团乱麻似的事务中理出轻重缓急来；重视贡

献可以使你跳出‘为组织内部所惑，跳不出组织之外’的倾向，使管理者的视野转移到‘外部世界’，转移到组织的成果上来。”

三、有效的管理者善于利用长处

“别试着改变自己，因为这是不可能成功的，但是，努力改善自己做事的方式，对于那些不适合自己表现的工作，就应该力求敬而远之。”这是德鲁克的忠告，并且与大多数人提倡的“木桶效应”有些背道而驰。

因为，大多数人都相信“木桶中最短的那块板会制约你的水平”，所以很多人都在揠苗助长地去弥补自己的短板，而忘记了去挖掘自己的长板。但是有时发挥优势明显比弥补缺陷更容易一些，“认清自我”显然是自我管理的第一步。

有效的管理者善于挖掘别人和自己的长处，还善于把握有利的形势，做他们能做的事，有效的管理者往往不会把工作建立在自己的短处上，也绝对不会去做自己做不了的事情。

四、有效的管理者往往本着要事优先的原则

正确的“时间管理”必须先掌握“要事优先”原则——把重要的事情放在前面做，而且每次只集中精力做好一件事。德鲁克认为，专心致志的第一项原则是摆脱已经不再有价值的过去——如果运用“计划检讨”制度删除过时的和无效的计划，就会发现你要处理的事其实不那么多；第二项是考虑先后次序。德鲁克指出“按压力来决定优先”的弊端：一是会牺牲许多重大的要务；二是会使高层不肯做任何决定。而确定优先次序的重要原则，每条都与勇气密切相关：重将来不重过

去；重视机会，不能只看到困难；选择自己的方向，而不是盲从；目标要高，要有新意，不能只求安全和方便。

五、有效的管理者必须善于做出有效的决策

有效决策要避免两个误区："过分相信经验"和"过分相信自我"。"世界上的事，你所担心的往往永不出现；而你从来没有担心的，却可能忽然之间变成极大的障碍。"

管理者尤其要注意"别将赌注押在自己认为有把握的事情上"。不经逻辑试炼的经验不是"严谨的修辞"，只是"漫谈"，而没有经过经验试炼的逻辑，不算是"逻辑"而是"荒谬"。决策的失误通常更容易发生在管理者自认为熟悉的领域而不是陌生但谨慎行事的领域。

决策不是从搜集事实开始，而是先有自己的见解。但是仅有自己的见解还不够，还应注意"反面意见的运用"。德鲁克就曾充分肯定了反面意见存在的合理意义：唯有反面意见，才能保护决策者不至于沦为组织的俘虏；反面意见本身，正是决策需要的"另一方案"；反面意见可以激发想象力。这也正应了"忠言逆耳利于行"的俗语。

以上就是管理者卓有成效的五个习惯，也是《卓有成效的管理者》这本书的五个重要主题。

为什么我们的管理经常是无效的？

扫码观看视频

关于体力工作与知识工作的区别，德鲁克认为："对于体力工作而言，我们所重视的只是'效率'。所谓'效率'，可以说是'把事情做对'的能力，而不是'做对的事情'的能力。体力工作的成果，通常可以用数据和质量来衡量，例如制成了多少双鞋子及其质量如何。"

关于体力工作，其衡量方法和制度，并不能适用于知识工作。如果所设计的是一项错误的产品，尽管工程部门能迅速地绘制出精美的蓝图，其结果也是极其可悲的。唯有从事对的工作，才能使工作有效，而这一点，却是无法用衡量体力工作的方法来衡量的。

可见，做对的事情比把事情做对更重要。

反观现在有多少企业还在用管理体力工作的办法来管理知识工作？坐班、签到、按行政等级发奖金等。这样管理的结果是什么呢？

一方面是管理方法不对，收效甚微；另一方面，知识工作者被无关的规章制度束缚起来，无法施展。想干的事干不了，整天疲于应付制度的规定。做出成绩得不到相应的奖励，而拿到的奖金与工资没有太大的区别。

企业界、学术界都在挖空心思地探讨如何管好人才、用好人才，特别是高科技人才。但实际情况是，尽管企业纷纷给出了优厚的待遇，但人才跳槽的事还是时有发生。这是为什么呢？

德鲁克指出："我们无法对知识工作者进行严密和细致的督导，我们只能协助他们。知识工作者本人必须自己管理自己，自觉地完成任务，自觉地做出贡献，自觉地追求工作效益。""知识工作者的工作动力，取决于他是否具有有效性，以及他在工作中是否有所成就。如果他的工作缺少有效性，那么他对做好工作和做出贡献的热情很快就会消退，他将成为朝九晚五在办公室消磨时间的人。"知识工作者的贡献只能来源于自觉行动，不是外部压力可以逼出来的，企业所能做的只是为他们提供施展才华的条件。

用管理体力工作的方法管理知识工作，使知识工作者工作的有效性大大降低，进而使他们的工作热情消退。知识工作者最需要的是成就感，而一些企业的领导不知为什么偏偏在这方面吝啬，就是不能让人才在精神上有充分的成就感。

是什么把管理推向无效？

德鲁克认为，组织中的管理者通常会遇到四种情况，而自己基本无法控制。每种情况都会向他施加压力，将工作推向无效，使机构运作不灵：

（1）管理者的时间往往属于别人，而不属于自己；

（2）管理者往往被迫按照老一套方法开展工作；

（3）只有当别人使用管理者的贡献时，管理者才具有有效性；

（4）管理者身处组织之内，但如果他要有效工作，还必须努力认识组织以外的情况。

企业毫无起色，正是因为这些因素的束缚，而很多企业的管理者整日奔忙，对此浑然不知。德鲁克先生在书中讲了这样一个故事："某公司的董事长，十分肯定地对我说，他的时间大致分成三部分：三分之一用于与公司高级管理人员研究业务；三分之一用于接待重要客户；其余三分之一则用于参与各种社会活动。

而用实际记录的结果跟他原来的估计比较，发现在上述的三个方面，他几乎没花什么时间。他所说的三类工作，只不过是他认为‘应该’花时间的工作而已。记录显示，他的时间大部分都花在调度工作上了，例如，处理他自己认识的顾客订单，打电话给工厂催货等。当秘书把记录送给他看时，他简直不能相信。”

可见，我们在实际工作中，确实做了很多无效的事情，这些事情警示我们要成为有效的管理者，管理好自己的时间。

有效性的学习是一种挑战、一种实践，如果既不挑战自己的目标，又不应对市场的挑战，就不会有学习有效性的动力和压力。你想学习有效性，但又不肯在实践中去思考问题背后的问题是什么，不去探讨创新的路径，企图找一个捷径，等别人教给自己一个现成的理论或模式，那你一定与有效性无缘。

有效的管理者善于掌控时间

扫码观看视频

根据德鲁克的观察，有效的管理者通常不是一开始就着手工作，他们往往从时间安排上着手，认识清楚自己的时间应该用在什么地方，然后管理好自己的时间，减少非生产性工作所占用的时间。

这三个步骤是管理者有效性的基础：

（1）记录时间；

（2）管理时间；

（3）统一安排时间。

德鲁克认为，时间是一个很特殊的资源，租不到，买不到，也雇不到。像制约经济增长与经济活动的并不是资金的供给不足，而是没有需求一样，人才尽管稀缺，但总还是雇佣得到，但时间却无法取得。时间永远都是最稀缺的，昨天的时间过去了，就永远不再回来。

时间也没有替代品。但做任何事情又少不了时间，时间真的太宝贵了。但大多数人却认为时间取之不尽，用之不竭。有效的管理者最大的区别在于珍惜自己的时间。但每一位管理者的时间却都有很大一部分是被浪费掉的。表面上看似每件事非办不可，其实却毫无贡献或贡献太少。

组织规模越大，管理者实际可以掌握的时间越少。身为管理者，更应该知道自己的时间应该用在什么地方，并且应该妥善运用剩余可自由支配的时间。当然如果管理者不了解自己是如何使用时间的，就别想管理好时间。

为此，我们必须先记录时间。记录时间耗用的实际情形。有效的管理者往往以连续三四个星期为一个时段，每天记录，一年内记录2—3个时段。半年之后就能发现自己的时间耗用得很乱，浪费在种种无用的小事上，下一步就是要做系统的时间管理。

我们要将非生产性和浪费时间的活动找出来，尽可能将这类活动从时间表上排除。为此，我们要问问自己：

（1）什么事根本不必做，做了也是浪费时间，与最终的成果无关，如许多无关的宴请。

（2）哪些活动可以由别人代为参加而又不影响效果。

为此，我们就要学会授权，检讨一下自己的时间记录，是不是许多时间放在了没有不必要的事情上。当然也不要误解，授权不是让别人做自己认为不重要的事情，而是可由别人做的事情，这样才有时间做自己该做的事情，这才是有效性的一大改进。

这时候，你可以问问下属，我常常做哪些事情浪费了你的时间而又不产生效果？当然前提条件是对方必须敢于说出真心话。人们往往过于高估自己的重要性，认为许多事情非躬亲不可。

当然，有些时候，管理者也必须找到组织中浪费时间的原因，并致力于改进。例如，缺乏制度造成的，人员太多、扯皮太多造成的，组织不健全造成的会议太多。一个设计理想的组织应该没有任何会议，但显然仅是理想而已。但需要说明的是管理者会议越多，组织越不健全。另外还有信息功能不健全或者信息系统失灵造成的时间浪费。

管理者在做了记录和分析后，就可以统一安排自由支配的时间了。有效的管理者必须集中自由时间，尤其是那些更高层的管理者，更应该学会集中碎片化的时间，处理一些真正重大的事务。

管理是靠经验还是靠数据？

扫码观看视频

身在企业之中，每个人似乎都有自己的难言之痛。

领导者为企业操碎了心，天天在救火，员工却依旧抱怨连连；被高薪聘请的“空降兵”，没等适应企业干出业绩就被老员工排挤走了；中层管理者，每天都被各种乱七八糟的事情占据，完全没有自己的时间；一心想好好做事的新员工，刚到公司就被复杂的人际关系吓到了……

说来你们可能不信，以上所有问题都是管理问题。很多人觉得管理听上去很虚很空，靠经验就行了，事实是这样的吗？

一、凭经验直觉的管理

经验是什么？其实无非过去经历的事情在人的心目中留下的印象，最终形成了一种处理方式或者直觉反应。

例如，我们看到电灯亮，就知道有电；看到水面结冰，就知道天气很冷。这些是在生活中积累的经验，接触的事物越多，生活经验就越丰富。

我们在工作过程中，也在不断地积累经验。根据经验，就知道如何安排作业流程能够节约时间。

在同客户打交道的过程中，就知道如何介绍产品才能吸引客户购买的欲望，如何跟客户谈判才能卖出更好的价格。

这些经验的积累和沉淀，是人类文明繁衍至今的一个重要的传承方式。

习惯于凭感觉和经验做事，这是人类的天性。应当说，经验是可贵的，正确反映客观事物的经验，可以帮助人们认识事物属性特点，作为处理问题的重要参照，为实践提供更可行的指导方案，这是经验积极的一面。

但是经验又是有局限性的。任何经验都是一定时空条件下的产物，别人的成功经验，不一定适合自己，自己过去的成功经验也可能过时不适用。并且，过于依赖经验反而有可能导致囿于成见、因循守旧，造成工作的失策。

经验于个人而言如此，于企业管理而言同样如此。管理经验往往是基于常识性的思维，从过去发生的管理事件和管理行为中总结出相应的经验教训。

这些经验可以帮助企业取得发展，但过度依赖总结的经验，反倒会使决策者的思维受到限制，缺乏系统性和全面性，无法考虑到新的情形下的管理环境，新形势下面临的新的风险，给企业带来巨大的管理风险和困境。

二、用数据说话的管理

在科技飞速发展的今天，大数据、云计算等新技术不仅在潜移默化地颠覆人们的生活方式，也深刻地影响着企业的管理。现代企业管理仅凭经验，将无法真正实现发展。

每个企业日常经营和管理中都在产生着数据，比如考勤数据、销售数据、销售行为数据、生产数据、财务数据、采购数据人力资源数据等。对于大多数企业而言，数据对企业的重要作用不言而喻。从某种意义上说，企业管理的对象实际上正是各种各样的数据。

在这个大数据时代，数据正日益成为企业的核心资源、决策的重要依据，“用数据说话的企业管理才有效”越来越成为大多数企业的共识。

借助数据管理，企业不仅可以有效测量和分析管理效果，而且能为企业在战略问题、资源整合问题，或者是具体某一类业务提供决策依据，并能够借助分析指标更精确地掌握企业经营趋势。

无论做什么工作，人的经验和感觉往往容易出现偏差。有了数据做支撑，企业的决策不再基于经验、直觉这样的原始状态，而是通过对数据的分析，变得更加科学准确。

透过数据，管理者可以准确及时地对企业的运行状况进行实时监控，能够提早预测出可能发生的问题，第一时间采取应对之策，做到未雨绸缪，避免了造成损失后的亡羊补牢，从根本上降低了企业的管理成本。

想要发挥好数据的作用，从数据中获取最大价值，需要利用数字化建设对企业进行全面改造，将过去依靠经验管理向依靠数据管理转变，才能为企业的未来攒足后劲。

三、经验向数据转化

美国管理学大师麦肯锡曾说，“人类最大的问题就是传承问题，每个人的知识到死就带进了坟墓，下一代从出生到成年都必须从零开始学习”。

我们知道，员工的经验是企业非常重要的财富，这些经验都是员工在工作过程中通过不断试错和学习总结的心得，是公司变得强大的重要支撑。

但是如果缺乏对这些经验的管理，不通过文本的形式记录下来，就失去了积累和沉淀，员工尤其是管理者一旦离职，这些经验也就流失了。

如何将员工个人的经验转化为企业的经验，把经验“数字化”就显得尤为重要。

随着管理的发展，经验可以通过制度建设固化在流程和岗位之中，以数据的形式保存下来，并在实际应用时发挥作用。

这就是所说的制度流程化、流程岗位化、岗位职责化、职责表单化、表单信息化、信息数字化、数字智能化。管理良好的公司善于利用经验思维和数据分析思维，将感性的经验转化为理性的数据，利用数据将经验在企业管理中传承下去。即使优秀的人才离开，也能确保他的价值被留在企业中，让新进的员工得以学习，并迅速接入工作轨道。

每一个方法，每一个策略，每一个流程，都需要不断优化。经验在积累的同时，更需要迭代，这也是数据化管理思维的精髓之一。

时代在变革，管理方法也在变革，无论是高管还是普通业务人员，都应不断刷新自己的经验，用数据优化新的执行方案。

从现有数据中搜索、处理、分析、归纳、总结其深层次的规律，反推过往经验，在经验与数据分析的良性互动下，达到经验和数据都能为我所有，为我所用的效果。

有效的管理者懂得要事优先

扫码观看视频

有效的管理者善于集中精力，总是把重要的事情放在前面先做，而且一次只做好一件事。

因为管理者需要处理的重要工作非常多，繁忙纷杂，想要做出的贡献太多，时间却有限。管理者越想发挥长处，就越需要聚焦。但绝大多数普通人很难在同一时间内专心致志地只做一件事，更别提同时做两件事。一次只做好一件工作，也是加快工作速度的最佳方法。

而管理者要做到专心致志，第一个原则就是摆脱不再有价值的昨天。不论是政府、企业还是其他机构的管理者，其中的一项具体任务就是把今天的资源投入创造未来中，也就是要跳出昨天的行动和决策。因为昨天的决策和行动，不论当初看起来多么勇敢和睿智，都有可能形成今天的困难和危机，甚至被证明是愚蠢的选择。

要“出新”必须要“推陈”，一个组织往往缺的不是“创意”，而是创意的执行。德鲁克认为：“如果美国仍旧采用1825年的各项交通制度，可断言今天一定还有古董马车——当然一定是国营事业，一定有巨额的经费补助，也一定有‘重新训练马匹’的狂热研究方案。”而“只要能定期审视当前的计划或活动，并抛弃那些不再有产出的事情，即使是最暮气沉沉的守旧机构，也能获得生机”。

第二个原则，就是要考虑做事的先后次序。那么到底根据什么来做这一决策呢？如果按照压力来决定优先次序，会产生两个后果。一是会牺牲重大要务的处理时间，管理者没有时间将决策转化为行动。二是组织中的高层，完全无法完成其职责。高层迫于压力，会偏向于机构内部的事务，而忽视外部事务；偏向于发生的事而忽视未来；喜欢危机而忽视机遇；更急功近利且看重紧急事务而忽视关系重大的事务等。

那么，如何采取正确的原则确定优先次序，以下提供了四条建议：

（1）更应看重将来而不重视过去；

（2）重视危机中的机会，不能只看到困难；

（3）选择自己的方向，独立思考而不盲从；

（4）目标要高，要有新意，不能只求绝对安全和更加容易。

这四条原则，每一条都与勇气密切相关。在企业经营方面，要想拥有成功的事业，需要拓新，而不是迁就现有产品线来开发新产品的事业。“化机会为成果，肯定比解决旧问题更有挑战性。解决旧问题，只不过是恢复昨天的平衡而已”。

有效的管理者会集中精力在一件事情上，完成一件事情之后，再根据情况的变化，决定下一步的优先事项，而有效的管理者需要具备勇气，敢于决定真正该做的和真正想做的工作。只有这样，管理者才能成为时间和任务的“主宰”，而不是奴隶。

有效的管理者善于用人所长

扫码观看视频

德鲁克认为："有效的管理者能使人发挥其长处。他知道只抓住缺点和短处是干不成任何事的，为实现目标，必须用人所长——用其同事之所长、用其上级之所长和用其本身之所长。"

管理者的任务是充分用人所长来共同完成组织的任务。而发挥人的长处，第一关则是：择人。如何择人？正确的用人决策应该是识人之长，并用其长，而不是见人之短，刻意避其所短。

美国南北战争时，林肯总统知人善任，任命了格兰特将军为北方军的总司令，虽然听说该将军嗜酒贪杯，但他知道所有人中只有格兰特将军能够运筹帷幄，决胜千里。事实也证明了该任命是有效的决策，正是林肯总统以"取得战役胜利的能力"为重，因而正确用人所长，而不是追求个人的人格完美。

"完人""通才"是基本不存在的，而且实际上可能一无是处，有效的管理者也不能凭个人喜好来择人，"有效的管理者从来不问：'他能跟我合得来吗？'他们问的是：'他贡献了什么？'他们从来不问：'他不能做什么？'他们问的是：'他能把什么做好？'所以在用人时，他们用的都是在某方面有所长的人，而不是在各方面都过得去的人"。

那么即使懂得了这个道理，现实中实践起来还是另外一回事儿，原因是什么？

是“因事用人”和“因人设事”的混淆，我们应该坚持因事用人，德鲁克认为，“只有这样，我们才能容忍各种人的脾气和个性。能容忍这些差异，内部关系也才能保持以任务为重心，而非以人为重心”。

那么，为避免陷入因人设事的陷阱，应该把握以下4个原则。

第一，卓有成效的管理者不会认为职位是上帝创造的。意思是，不会设计一个“常人”不可能胜任的职位，如果发现一个职位前后有两到三个人都失败了，就该重新设计。

第二，职位的要求要严格，且涵盖范围要广。一是职位标准应具有引导性，能成为衡量任职者自身、评估贡献的依据，也让人及早发现自己是否适合该职位。二是对于年轻的知识工作者，如果初任的职位涵盖范围太小，工作太简单，其结果不是主动离职，而是很快变成“老油条”。

第三，卓有成效的管理者在用人时，会考虑某人能做些什么，而不是先考虑职位的要求是什么。有效的管理者通常有一套独特的人才考评方式，会把对某人过去和现在职务所期望的贡献和实际绩效记录进行对照，然后检讨4个问题：（1）哪方面的工作他确实做得很好；（2）哪方面的工作他可能会做得更好；（3）为了充分发挥他的长处，他还应该再学习或获得哪些知识？（4）如果我有儿子或女儿，我愿意让我的子女在他的指导下工作吗？如果同意，理由是什么？如果不同意，理由是什么？

第四，卓有成效的管理者知道在用人之所长的同时，必须容忍人之所短。有效的管理者总是结合具体任务来寻找别人的长处。

有效的管理者除了要管理下属，还要学会向上管理，学会充分发挥上司的长处，也十分重要。

德鲁克认为：“要使上司能发挥其所长，不能靠唯命是从，应该从正确的事情着手，并以上司能够接受的方式向其提出建议。”人大致可以分成“读者型”和“听者型”两类，即有人只能阅读浓缩为一页的报告，有人靠与他人谈话来获取资料，所以需要了解上司属于哪种类型，换言之，“如何提出这一建议”比“提什么建议”的问题更为重要，要注意方式的使用。

俗话说：“观人易，察己难。”但是，也不能忽视对自我的观察，有效的管理者也会充分发挥自身的长处。

有效的管理者会善于发掘机会，通过问自己：“我到底能做些什么？”让自己更关注于现有的机会，而不是盯着有限的客观条件。同时，有效的管理者也更加了解自己的能力和工作习惯，并配合自己的习惯而行动。例如，有人做事前需要详细的计划，而有的人则一开始就做，最多只先拟订几个粗枝大叶的要点；有的人需要催逼，有的人则凡事都心急；有的人习惯单打独斗，有的人则适合小组合作等。

德鲁克认为这些习惯只是表面，无所谓好坏，只是每个人个性的体现和其对世界、自我的认识。当然，工作习惯也事关有效性，但有效的管理者能顺应自己的个性特点，更注重的是绩效和成果，并且在这基础上发展出适合自己的工作方式。

总而言之，管理者的任务不是改变人，而是充分运用每个人的才干，而用人之长恰好能更好地激发每个人的潜能、才智，让其实现抱负，从而使组织的整体效益得到成倍的增长。

有效的管理者重视贡献

扫码观看视频

德鲁克认为：“有效的管理者一定注重贡献，并懂得将自己的工作与长远目标结合起来。”

有效的管理者常常自问：“我对服务的机构，在绩效和成果上，能有什么贡献？”这也是一种负责任的体现。

重视贡献，管理者才能把自己的注意力放在整体的绩效上，并且更加重视产生成果的外部世界。只有这样，他才会凡事都想到客户、服务对象等。

德鲁克认为，一般机构对成效的要求往往表现在三个方面：直接成果；树立新价值观及对这些价值观的重新确认；培养与开发所需要的人才。他认为，管理者要想做出贡献，就要从这三方面下功夫。

第一方面，直接成果其实是最容易理解的，例如，企业的直接成果就是销售和利润，对于医院而言，直接成果就是对病人的护理和治疗。

第二方面，树立新价值观及对这些价值观的重新确认，德鲁克认为，“组织的生存需要直接成果，犹如人需要营养食物一样，但是除了直接成果，一个组织还必须有价值观的承诺和实现，这就像人体除了食物外还少不了维生素和矿物质”。对一个组织来说，价值观可能是承诺为社会提供优质且低价的产品和服务，也许是树立一种技术权威。

第三方面，培养与开发所需要的人才，因为个人的生命是有限的，即使他的贡献再大，这种贡献也是有限度的，而克服这种限度的工具就是成为一个组织，而组织就必须准备明天的接班人，人力资源必须更新并且经常提高水准。

德鲁克认为：“对贡献的承诺，就是对有效性的承诺，没有这项承诺，管理者就等于没有尽到自己的责任，这必将有损于其服务的组织，也必将有损于与其共事的同事。”

管理者应该根据不同的机构和职位随时调整自身的管理方式，不能满足于老一套的工作方法，这必然遭到失败。每个职位对上述三种绩效的比重要求有所不同，因循守旧、不思进取是不对的。重视贡献的管理者要适应新职位而变。

德鲁克还特别指出，一个知识工作者，如何能使自己的工作卓有成效呢，也必须要重视贡献。知识工作者通常是一位专业人员，但是掌握某种专门知识后，他的工作就卓有成效了吗？德鲁克认为，“一个专业人员的产出必须与其他人的产出结合在一起，才能产生成果”。意思是，必须考虑到他的产出给谁使用，他人如何有效使用，而不是把知识学问“变成故弄玄虚的手段”。

管理者工作的有效性，也体现在自己与他人的关系上，那么在人际关系上，重视贡献该满足什么条件？德鲁克认为有四个方面。

第一，互相沟通。管理者很早就认识到一个组织是需要沟通的，但是沟通效果不如意，原因是把沟通当成上级对下级的事情，“上级对下属说得越严厉，下属就越听不进去。下属要听的是自己想听的，而不是对方所说的”。而一个以贡献为重的管理者，通常也期望下属以贡献为重，因而他会这样沟通，“我们的组织和我，应该期望你有怎样的贡献呢？我们该期望你做些什么？如何才能使你的知识和能力得到最大的发挥”？下属思考后做出回应，这时上级对下属的想法做出判断才更有效果。

第二，团队合作。强调贡献有助于横向沟通，这样就有利于团队合作。例如，在一个医院中，所有的护士、营养师、X光医师、药剂师、病理医师以及其他各方面的专家，都必须共同合作。他们面对同一个病人，但谁都不觉得受了谁的管理和指挥。他们必须为一个共同目的而工作，必须符合总的行动计划，即主治医生的治疗处方。虽然他们分属不同的组织机构，但在医疗工作上，他们各尽所长，各尽其责。病人的任何特殊情况和特殊需要都必须互相告知，否则，他们的努力可能适得其反。

第三，自我发展。个人是否有所发展，在很大程度上看自己是否重视贡献，即把个人发展和组织的贡献结合起来，个人思考自己学习什么知识技能、怎样发挥自己的优点长处、为自己设定什么样的标准等，能有助于自己对组织做出贡献。

第四，培养他人。重视贡献的管理者是以任务需求为基础设定标准的，这就要求他们提高自身的要求，设立远大目标，那么培养他人则是他们一项自我要求。

管理者工作的有效性，也体现在各项管理手段的运用，如会议或报告等，那么重视贡献的管理者，如何保证会议的有效性呢？

会议是管理者频繁使用的管理工具，也占据了管理者大量的时间，德鲁克认为：“卓有成效的管理者知道他们能从会议中得到什么，也知道会议的目的是什么。他会自问：‘我们为什么要召开这次会议？是为了某项决策？是为了宣布什么？还是为了澄清我们应该做些什么？’”重视贡献，能让管理者把会议的目的和成效放在第一位。

总之，重视贡献就是重视有效性，帮助管理者从繁杂事务中理出轻重缓急，注重团队发展，并使管理者的视线从内部事务、内部工作和内部关系转移到外部世界，转移到组织的成果。

参考文献

［1］杨爱国，高正贤．华为财经密码：商业成功与风险制衡［M］．北京：机械工业出版社，2021．

［2］彼得·德鲁克．管理的实践［M］．齐若兰，译．北京：机械工业出版社，2019．

［3］彼得·德鲁克．卓有成效的管理者［M］．辛弘，译．北京：机械工业出版社，2022．

［4］彼得·德鲁克．管理：任务、责任、实践［M］．陈小白，译．北京：华夏出版社，2008．

［5］张庆龙，董皓，等．财务转型大趋势：基于财务共享与司库的认识［M］．北京：机械工业出版社，2018．

［6］张庆龙．下一代财务：数字化与智能化［M］．北京：中国财政经济出版社，2021．

［7］张庆龙，潘丽靖，等．财务转型始于共享服务［M］．北京：中国财政经济出版社，2015．

［8］张庆龙．政府部门内部控制：框架设计与有效运行［M］．北京：化学工业出版社，2012．

[9] 张庆龙，方汉林，等. 企业司库理论与实务 [M]. 北京：中国财政经济出版社，2023.

[10] 付登坡，江敏，等. 数据中台：让数据用起来 [M]. 北京：机械工业出版社，2020.

[11] 张旭，戴丽，等. 数据中台架构：企业数据化最佳实践 [M]. 北京：电子工业出版社，2020.

[12] 古典. 跃迁：成为高手的技术 [M]. 北京：中信出版社，2017.